Christian Boeser-Schnebel, Klaus-Peter Hufer,
Karin Schnebel, Florian Wenzel

Politik wagen

Ein Argumentationstraining

Mit Illustrationen von Heike Drewelow

**WOCHEN
SCHAU**
VERLAG

Bibliografische Information der Deutschen Nationalbibliothek

Die Deutsche Nationalbibliothek verzeichnet diese Publikation in der Deutschen Nationalbibliografie; detaillierte bibliografische Daten sind im Internet über http://dnb.d-nb.de abrufbar.

© WOCHENSCHAU Verlag
Dr. Kurt Debus GmbH
Schwalbach/Ts. 2016

www.wochenschau-verlag.de

Illustrationen: Heike Drewelow
Gesamtherstellung: Wochenschau Verlag
Gedruckt auf chlorfreiem Papier
ISBN 978-3-7344-0162-6 (Buch)
ISBN 978-3-7344-0163-3 (E-Book)

Inhalt

„Was Literatur im besten Fall erreichen kann, wenn sie denn unbedingt etwas erreichen soll: Sie kann das Denkvermögen stärken. Und je länger du nachdenkst, desto weniger Gewissheiten hast du, desto misstrauischer wirst du in Bezug auf dich selbst. Und eine Welt, in der alle an ihren Gewissheiten zweifeln, wäre tatsächlich eine bessere Welt. " Harald Martenstein

Vorwort

Am Stammtisch wird traditionell viel über Politik gesprochen, oft mit Kompetenz und dem ernsthaftem Bemühen, Politik besser zu verstehen. Oft aber werden auch nur Stammtischparolen ausgetauscht, man verharrt in dumpfer Selbstgerechtigkeit und lässt sich gar nicht erst auf das Wagnis Politik ein.

Stammtischparolen sind nicht nur in Gasthäusern, sondern auch in Cafés, Kantinen, an familiären Esstischen und an vielen anderen Orten zu finden. Platte, aggressive, selbstgerechte und populistische Äußerungen über Politik und Politiker bleiben dabei oftmals unwidersprochen, nicht selten bekommen sie Beifall. Ein derartiges Gespräch auf Stammtischniveau aber hat Konsequenzen für Politik und Gesellschaft: Wenn Politik verachtet wird und Politiker/-innen lächerlich gemacht werden, dann vergiftet dies die politische Kultur. Damit verbunden ist auch eine größer werdende Distanz zwischen Berufspolitiker/-innen und Bürger/-innen: Empirische Befunde und die sinkenden Wahlbeteiligungen zeigen, dass sich immer mehr Menschen von der (Partei-)Politik abwenden. Allerdings gibt es auch eine zunehmende Bereitschaft zu gesellschaftlichem Engagement. Neue Formen der Partizipation und des politischen Handelns werden gesucht und gefunden. Doch das Problem bleibt: Demokratie kann ihre Potentiale nur begrenzt nutzen, wenn das Verhältnis zwischen Bürger/-innen und (Berufs-)Politiker/-innen gestört ist und wenn nicht beide zusammen Politik wagen.

Die politische Urteilsfähigkeit der Bürger/-innen ist das Lebenselixier der Demokratie. Dazu zählt auch, die Arbeit von Politiker/-innen realistisch ein- und durchaus auch wertzuschätzen und Politiker/-innen nicht mit Stammtischparolen herabzuwürdigen. Andererseits müssen auch Politiker/-innen aufhören, Stammtischparolen zu bedienen oder selbst Stammtischparolen zu verwenden. Letzteres ist beispielsweise der Fall, wenn am Wahlabend von unterlegenen Parteienvertreter/-innen verkündet wird, „die Menschen draußen im Lande" hätten sie nicht verstanden. Die (oft unausgesprochene) Stammtischparole hinter diesem Statement lautet: „Mit diesem Volk ist kein Staat zu machen!" Ein ernsthafter Dialog mit den Bürger/-innen ist auf diese Weise nicht möglich.

Kritik ist in einer Demokratie so wichtig wie die Luft zum Atmen. Aber wenn die Bürger/-innen ernst genommen werden wollen und mehr Mitbestimmungsmöglichkeiten möchten, sollten sie sich nicht platter Parolen bedienen, sondern mit Verstand und guten Argumenten für eine demokratische politische Kultur streiten.

Das vorliegende Argumentationstraining kann hierfür einen Beitrag leisten, indem es hilft, die eigene politische Urteilsfähigkeit weiterzuentwickeln und die individuelle politische Handlungsfähigkeit auszubauen. Es soll nicht bekehren oder besserwisserisch mit belehrenden Äußerungen gegen Stammtischparolen vorgehen. Vielmehr greift es Stammtischparolen auf, um zunächst die dahinter liegenden Enttäuschungen, Frustrationen und die damit verbundene Wut zu verstehen und ernst zu nehmen, und zu einem höheren Diskussionsniveau über Politik und Politiker zu kommen. Auf diese Weise kann letztlich jedes Alltagsgespräch über Politik und damit auch der Stammtisch selbst ein Anlass sein, Politik zu wagen.

Seit 2012 arbeiten wir an dem Argumentationstraining. Stets war die Einbindung des Projekts in das an der Universität Augsburg angesiedelte „Netzwerk Politische Bildung Bayern" wichtig.

Wir möchten deswegen an erster Stelle Winfried Dumberger-Babiel, Prof. Dr. Gerhard Kral und Michael Sell für die jahrelan-

ge intensive Zusammenarbeit im „Netzwerk Politische Bildung Schwaben" und im „Netzwerk Politische Bildung Bayern" danken, wodurch viele Gedanken und Ideen des Trainings geprägt wurden. In diesem Zusammenhang danke auch an alle, die im Projektteam „Netzwerk Politische Bildung Bayern" mitwirken oder in der letzten Zeit mitgewirkt haben, insbesondere sollen hier Christian Fey, Jadwiga Goralska, Kristina Greißl, Ferdinand Jungmaier, Fares Kharboutli, Gwennaelle Mulliez, Gunnar Naujocks, Marianne Reimer und Frank Wagner erwähnt werden.

Danken möchten wir auch der Bayerischen Landeszentrale für politische Bildungsarbeit, die als Kooperationspartner sehr früh das Potential des Trainings erkannt hat und die bei der Weiterentwicklung und Implementierung sehr hilfreich war. Namentlich möchten wir hier stellvertretend dem Leitenden Regierungsdirektor Werner Karg und der Studiendirektorin Katharina Willimski für wichtige Impulse und vielfältige Unterstützung danken.

Ein großes Dankeschön auch an Prof. Dr. Elisabeth Meilhammer vom Lehrstuhl für Pädagogik mit Schwerpunkt Erwachsenen- und Weiterbildung, die das Projekt von Anfang an unterstützt hat. Hier auch Danke an Dr. Tetyana Kloubert und Falk Scheidig, Mitarbeiter/innen am Lehrstuhl, für ihre kritisch-konstruktive Auseinandersetzung mit unserem Training. Danken möchten wir auch den Studierenden der Universität Augsburg, die sich in verschiedenen Seminaren auf das Wagnis Politik und die Entwicklung, den Test sowie die Weiterentwicklung des Trainings eingelassen haben.

Danke auch denjenigen, die es uns ermöglicht haben, Workshops mit ganz unterschiedlichen Zielgruppen durchzuführen. Hervorheben möchten wir hier Andrea Heinl vom Maria-Theresia-Gymnasium, Marina Khanide von den Evangelischen Freiwilligendiensten für junge Menschen, Kathrin Thorkler von der Katholischen Landjugendbewegung Bayern, Katrin Schömann vom Bayernforum der Friedrich-Ebert-Stiftung, Dr. Jürgen Stammberger vom Bayerischen Schullandheimwerk, Susanne Ulrich von der Akademie Führung und Kompetenz am Centrum für angewandte Politikforschung (CAP), Stefanie von Winning und Dr. Franz Guber von der Hanns-Seidel-Stiftung, Gabriele Wiemeyer vom Gustav Stresemann Institut und Tamara Wissing von der Georg-von-Vollmar-Akademie.

Selbstverständlich gilt unser Dank auch all denjenigen, die sich an diesen Workshops beteiligt haben, sei es in Schulen, Schullandheimen, Verbänden, Universitäten, Volkshochschulen, Akademien oder Stiftungen.

Bernward Debus, Tessa Debus, Silke Schneider und Sonja Burk vom Wochenschau-Verlag danken wir für ihre Ermutigung, für wichtige Impulse gerade auch zu Beginn der Verschriftlichung des Trainings und für die stets professionelle Zusammenarbeit. Und nicht zuletzt danken wir Heike Drewelow, die mit ihren Illustrationen unser Buch sehr bereichert hat.

München, Kempen und Sonnendorf im Oktober 2015

Christian Boeser-Schnebel, Klaus-Peter Hufer,
Karin B. Schnebel und Florian Wenzel

Vorbemerkung: Über das Recht, (un)politisch, und die Notwendigkeit, politisch zu sein

Beginnen wir mit ein paar grundsätzlichen Fragen: Wie wäre eine ideale demokratische Gesellschaft? Wie sähen die idealen Politiker/-innen aus? Welche (Wahl-)Beteiligung von Bürger/-innen wäre zu erkennen? Wie würde mit Kritik und Ablehnung politischer Prozesse und politischer Entscheidungen umgegangen? Wie würde darauf reagiert werden, dass sich Bürger/-innen von der Gesellschaft abwenden und ihr mit offener Verachtung gegenüberstehen?

Beim Nachdenken über diese Fragen wird schnell deutlich, dass eine eigenverantwortliche freiheitliche und demokratische Gestaltung unseres Zusammenlebens herausfordernd, aber auch spannend ist.

Diktaturen schreiben ihren Bürger/-innen hingegen vor, wie sie zu sein haben: Angepasst und der Obrigkeit huldigend. Die Freiheit des Einzelnen beschränkt sich dort im schlimmsten Fall auf die Freiheit der Gedanken – diese kann zumindest so lange gelebt werden, wie die Fassade eines treuen Staatsbürgers glaubwürdig nach außen dargestellt wird. Wem dies nicht gelingt, bzw. wer sogar offen das System oder die Herrschenden in Frage stellt, riskiert Sanktionen, nicht selten seine Freiheit und manchmal sogar sein Leben. Man sollte nicht vergessen: Ein solches Leben in Unfreiheit war bis vor nicht allzu langer Zeit auch in Teilen Europas der Normalfall und ist in vielen Teilen der Erde bis heute Realität.

In Demokratien kann vor diesem Hintergrund die Freiheit der Bürger/-innen zur Kritik und zur Infragestellung des Bestehenden bzw. zur Ablehnung der Regierenden gar nicht genug als zivilisatorische Leistung gewürdigt werden. Das Recht politisch zu sein, also politisch handeln zu können, wurde historisch –

und wird in manchen Ländern bis heute – gegen massive Widerstände erstritten. Es ist das Recht auf eine eigene Meinung und auf die Äußerung derselben zu allen Fragen, die das öffentliche Leben betreffen. In den westlichen Demokratien hat zudem das Recht und die Möglichkeit, sich zivilgesellschaftlich auch jenseits der verfassten Demokratie zu äußern und selbstorganisiert zu engagieren, dazu beigetragen, dass demokratisches Bewusstsein in weiten Schichten der Gesellschaft verankert wurde.

Das Recht, politisch zu sein, ist auch das Recht, *keine* Meinung zu haben bzw. zu äußern oder auch das Recht auf unreflektierte, selbstgerechte und undifferenzierte Äußerungen in Form von Stammtischparolen. Es ist das Recht, die Leistungen von Politik und Gesellschaft in Anspruch zu nehmen, ohne aktiv dazu beizutragen. Es ist auch das Recht, den politisch Andersdenkenden oder politisch Anderswollenden zu ignorieren, abzuwerten, seine Interessen zu negieren und seine Absichten als unseriös hinzustellen. Ein Verhalten, das sich sowohl im öffentlichen Schlagabtausch in der Politik als auch in vielen privaten Gesprächen über Politik findet. Und es ist das Recht, pauschal über all diejenigen, die als Politiker/-innen aktiv sind, zu spotten und auf Stammtischniveau über Politik und Politiker/-innen herzuziehen. Und nicht zuletzt auch das Recht, dem politischen System kritisch und distanziert gegenüber zu stehen.

Das Recht, politisch zu sein, umfasst in freien Gesellschaften also eine große Bandbreite – und eben auch das Recht unpolitisch zu sein. Aber hier tut sich in Demokratien ein Dilemma auf: Auf der einen Seite sollte das Recht, sich nicht für Politik oder für die (Zivil-)Gesellschaft zu interessieren, für eine freie Gesellschaft ebenso selbstverständlich sein, wie auch das Recht, dumpf und platt über Politik und Politiker/-innen bzw. die politischen Gegner zu sprechen. Eine Demokratie muss die Ablehnung durch Einzelne ebenso aushalten können wie die Borniertheit oder den Egoismus derjenigen, die sich ausschließlich für ihre Partikularinteressen oder für ihre politische Karriere einsetzen.

Auf der anderen Seite aber ist eine Demokratie darauf angewiesen, dass es eine Mehrheit der Bürger/-innen und Politiker/-innen gibt, denen Politik, also die allgemein-gesellschaftlichen Angelegenheiten, wichtig sind, die ebenso in der Lage sind, eigene politische Interessen zu artikulieren, wie auch die politischen Interessen anderer nachzuvollziehen. Schließlich ist für demokratische Politik der Austausch und Ausgleich von Interessen grundlegend. Eine demokratische Gesellschaft, in der es zu wenige Menschen gibt, die sich für die allgemeinen gesellschaftlichen Probleme interessieren, büßt nicht nur moralische Werte und Normen ein, die für den Zusammenhalt notwendig sind, sondern verliert auch ihre Legitimation, sich Demokratie („Herrschaft des Volkes") zu nennen. Und sie überlässt möglicherweise das politische Geschäft einer nur an den eigenen Interessen orientierten Minderheit.

Für Demokratien sind es deshalb wichtige Fragen, wie viel Desinteresse, Ignoranz oder Borniertheit von Seiten der Bürger/-innen und von Seiten der Politiker/-innen ausgehalten werden können, ab wann die Grundlagen einer freien Gesellschaft untergraben werden und wie nötigenfalls gegengesteuert werden kann.

Was kann eine Demokratie verkraften? In einer Demokratie kann nicht alles geduldet und ertragen werden, ist eben keine grenzenlose Freiheit garantierbar. Mit dem Leitbild einer „wehrhaften Demokratie" wurden und werden den Feinden der Demokratie Grenzen gesetzt, sei es über die Möglichkeit des Parteienverbots oder auf der individuellen Ebene sogar über den Entzug von Bürgerrechten. Demokratie bedeutet also in unserer Gesellschaft nicht grenzenlose Freiheit. – Die Mütter und Väter unseres Grundgesetzes waren überzeugt: Wenn sich Demokratinnen und Demokraten nicht entschieden ihren Feinden entgegenstellen, leben sie am Ende nicht mehr in einer Demokratie.

Mit Desinteresse oder Gleichgültigkeit der Bürger/-innen hingegen kann eine Demokratie zumindest auf den ersten Blick ganz gut leben. Man könnte meinen, dass Demokratie so lange funktioniert, wie es zumindest einige Menschen gibt, die bereit sind, sich professionell mit der Politik zu beschäftigen: So lange es Politiker/-innen gibt, wäre das Verhalten der anderen Bürger/-innen letztlich egal, zumal es den Politikern möglicherweise doch ganz recht sein könnte, wenn sie unbehelligt ihrem Geschäft nachgehen können. Damit würde den Politiker/-innen aber die alleinige Entscheidungskompetenz zugesprochen, denn immerhin gäbe man ihnen damit die Freiheit und auch die Verantwortung, alleine und ohne Rückkoppelung mit der Bevölkerung über unsere Gesellschaft zu bestimmen. Und was, wenn die Politiker/-innen selbst desinteressiert, ignorant oder borniert sind? Was würde geschehen, wenn sie nur ihre Wiederwahl im Blick haben, sich pragmatisch an den Bevölkerungsgruppen orientieren, die am größten sind, und die langfristige Entwicklung einer Gesellschaft komplett ignorieren? Was, wenn sie politische Entscheidungen treffen, die zwar kurzfristig positive Wirkungen erzielen, langfristig aber negative Konsequenzen haben?

Mit diesen Fragen deutet sich ein Zusammenhang zwischen Bürger- und Politikerinteressen an, der oftmals nicht beachtet wird: Pragmatische, primär an ihrer Wiederwahl interessierte Politiker/-innen, werden ausschließlich die Politik betreiben, die von den Wähler/-innen honoriert wird. Themen, die weniger populär, aber doch für viele oder vielleicht auch erst für die

Zukunft wichtig sein können, drohen hierbei durch das Raster zu rutschen und ignoriert zu werden. Massenmedial aufgebauschte, von oft nicht durchsichtigen Interessen gesteuerte Themen hingegen, würden populistisches und opportunistisches Verhalten der Politiker/-innen verstärken.

Das in Demokratien häufig kritisierte, an Stimmungen angepasste und populistische Verhalten von Politiker/-innen kann also auch erklärt werden durch Desinteresse, Ignoranz und Oberflächlichkeit vieler Bürger/-innen: Das Verhalten der Politiker/-innen ist nicht zuletzt eine Reaktion auf das Verhalten der Bürger/-innen. Daraus folgt, dass eine an Zukunftsfragen orientierte, partizipative, verantwortungsbewusste und kluge Politik kaum zu erreichen sein wird, wenn die Haltung gegenüber gesellschaftlichen Fragen bei den Bürger/-innen eine gleichgültige ist.

Doch es gibt noch einen anderen Grund, warum die Demokratie in einer Gesellschaft, deren Bürger/-innen desinteressiert oder gleichgültig sind, auf Dauer Schaden erleiden kann. Dieser hat mit der Frage zu tun, was der Kern von Politik ist: In der Politik geht es neben der Regelung von grundlegenden Ordnungsprinzipien des Staates um eine Regelung von Konflikten, die die Gesellschaft betreffen, und um die Verteilung von Ressourcen. Die zu regelnden Konflikte resultieren zum einen aus unterschiedlichen widerstreitenden Wertvorstellungen und zum anderen aus der grundsätzlichen Problematik der Knappheit. Damit ist gemeint, dass viele von den meisten Menschen als erstrebenswert erachtete Güter nur begrenzt vorhanden sind. Die Verteilung dieser Güter erfordert eine Auseinandersetzung. Und im Zentrum dieser Auseinandersetzung steht, wem wie viele dieser Güter zukommen sollen und mit welcher Begründung: Sollen alle das Gleiche erhalten? Oder sollen Bedürftige mehr bekommen? Oder wäre es gerechter, die Verteilung anhand der Leistung zu berechnen, wodurch die Leistungsstarken mehr bekommen? Bei letzterem wäre aber fraglich, was als „Leistung" anerkannt werden sollte. Könnte dabei der direkte Nutzen für die Gesellschaft der bestmögliche Maßstab sein? Oder wäre ein nicht sicher kalkulierbarer langfristiger Nutzen für die Gesellschaft am besten? Diese Überlegungen könnte man nun immer weiter fortführen, doch geht es im Kern um die Frage, was eigentlich gerecht ist.

Die Verteilung von nur begrenzt vorhandenen Gütern ist, gleichgültig welche Vorstellungen von Gerechtigkeit man umsetzt, meist mit Zumutungen verbunden. Und was soll den Einzelnen motivieren, sich Zumutungen, zu beugen und eben nicht doch zu versuchen, notfalls mit Gewalt, mehr für sich herauszuholen? Letztlich ist es entweder die Angst vor Sanktionen oder das grundsätzliche Verständnis für die Notwendigkeit und Unvermeidbarkeit eben dieser Zumutungen, was jedoch einen gesellschaftlichen Wertekonsens zumindest in grundlegenden Fragen voraussetzt.

Wenn Zumutungen nicht freiwillig mitgetragen werden, geht dies meist zu Lasten der Freiheit, da die entsprechenden Sanktionssysteme ausgebaut werden müssen. Eine freie Gesellschaft, braucht Bürger/-innen, die sich aus innerer Überzeugung damit arrangieren, dass Politik niemals die Interessen eines jeden zu hundert Prozent erfüllen kann. Diese Überzeugung kann am besten dadurch entstehen, dass man sich selbst mit politischen Fragen auseinandersetzt und auf diese Weise immer wieder erfährt, warum Politik keine ultimativen Lösungen anbieten kann.

Für uns als Autorin und Autoren steht fest: Für einen demokratischen Staat und für eine demokratische Gesellschaft ist es nicht gleichgültig, wie sich die Bürger/-innen verhalten. Es braucht zumindest eine ausreichend große Zahl an Bürger/-innen, die den politischen Prozess beobachten und reflektieren, die also nachvollziehen können, warum Politik nicht nur kurzfristige Partikularinteressen bedienen sollte, sondern auf Interessensausgleich bedacht sein muss. Es braucht Bürger/-innen, die sich in unserer verfassten Demokratie der Politik kritisch-konstruktiv zuwenden und die Gesamtverantwortung für den Interessenausgleich mit reflektieren. Wir brauchen eine Gesellschaft mit einer grundlegenden Demokratiekompetenz. Und wir brauchen darüber hinaus auch aktive, handelnde, engagierte Bürger/-innen, wir brauchen sowohl zivilgesellschaftlich als auch im engeren Sinne politisch Engagierte.

Wer sich für die Gesellschaft, für das Gemeinwohl, für die Demokratie. und für Politik interessiert und sich in ihr einbringt, ist damit nicht der „bessere" Bürger. Es ist legitim, sich nicht für Politik zu interessieren. Aber wenn das bei sehr vielen Menschen der Fall ist, dann wird Demokratie zu einer elitären Minderheitenveranstaltung.

Es ist auch legitim sich mit Stammtischparolen über Politik und Politiker zu äußern. Aber eine Gesellschaft, in der das Stammtischniveau das Maß aller Dinge ist, wird auf Dauer Schaden erleiden. Politisch zu sein, kann nicht bedeuten, die eigene Position zu verabsolutieren und andere Auffassungen zu verdammen.

Worum geht es uns also, wenn wir Stammtischparolen über politische Themen kritisieren und dazu auffordern, Politik zu wagen? Unser Ziel ist, mit dem Sozialphilosophen Oskar Negt und unter Bezug auf Immanuel Kant „der mündige, aufgeklärte Bürger, der es wagt, sich seines Verstandes ohne Anleitung anderer zu bedienen."[1] Es geht uns darum, dass Jede/r eingeladen ist, sich genau und intensiv mit politischen Themen zu beschäftigen und vielleicht das Bedürfnis und die Notwendigkeit zu spüren, politisch selbst aktiv zu werden – sei es in Parteien, Gewerkschaften oder Initiativen. Es geht uns darum, dass diejenigen, die sich für Politik interessieren, zur Verbesserung der politischen Kultur beitragen, damit diese nicht durch ein Übermaß an Stammtischparolen beschädigt wird. Wir möchten platte, aggressive, selbstgerechte und populistische Äußerungen über Politik und Politiker/-innen in Frage stellen, egal ob sie von Bürger/-innen oder von Politiker/-innen kommen. Und wir möchten diejenigen, die gewillt sind, sich für mehr Qualität in unserer Demokratie einzusetzen, dazu ermutigen, Stammtischparolen nicht schulterzuckend hinzunehmen, sondern dagegenzuhalten und – wenn möglich – als Ausgangspunkt für das Wagnis Politik wahrzunehmen.

1. Was ist eigentlich Politik?
Und was ist Demokratie?

Ein nachlassendes politisches Interesse?

Vielen Berichten und Informationen zufolge schwindet das Interesse an Politik und an politischer Beteiligung erheblich: Die
Wahlbeteiligungen sinken, die Parteien verlieren an Mitgliedern,
Veranstaltungen zur politischen Bildung in den Volkshochschulen und in anderen Bildungseinrichtungen haben rückläufige
Besucherzahlen. Gerade bei den Jüngeren ist die Bereitschaft,
sich für Politik zu interessieren und sich in ihr zu engagieren,
offensichtlich nicht sehr groß.[2]

Irritieren muss in diesem Zusammenhang auch das schlechte
Image, das Politiker hierzulande genießen. Alljährlich werden
die Deutschen gefragt, welchen Berufsgruppen sie vertrauen
würden. Das jüngste Ergebnis: „In Deutschland schneiden Politiker – wie in den vergangenen Jahren auch – am schlechtesten
ab. Ihnen vertrauen nur 15 % aller Deutschen. .... In Deutsch-

land schneiden die Berufsgruppen Feuerwehrleute, Sanitäter, Pflegekräfte und Ärzte am besten ab. Sie erhalten Werte von mehr als 90 %. Auf dem ersten Platz landen Feuerwehrleute, denen rund 97 % der Befragten vertrauen."[3] Insgesamt wurden in der hier zitierten Befragung 32 Berufsgruppen vorgestellt, die Politiker gerieten auf den letzten Platz.

Die Zahlen machen deutlich: „Die" Politik hat ein sehr schlechtes Ansehen. Aber ist es wirklich die Politik oder sind es die Politiker?

Diese Unterscheidung ist keine Haarspalterei, sondern zeigt den Kern, worum es offensichtlich geht: Denn wenn „Politik" als Gestaltungsmöglichkeit des Systems und der Lebenswelt schlecht abschneidet, dann ist dies ein Problem für Gegenwart und Zukunft der Gesellschaft. Immerhin ist diese vital darauf angewiesen, dass sich Menschen für Politik interessieren und in ihr engagieren. Dies ist das Lebenselixier einer Demokratie. Aber eine Demokratie ist kein Geschenk, sie muss verstanden und verteidigt werden. Das ist mühsam. Von daher ist Oskar Negts viel zitierter Satz so wichtig: „Demokratie ist die einzige politische Grundordnung, die gelernt werden muss – immer wieder, tagtäglich und bis ins hohe Alter hinein."[4]

Aber die Bereitschaft, sich vorbehaltlos auf Demokratie einzulassen und sie zu bejahen, ist derzeit in Deutschland nicht sehr ausgeprägt. Eine Untersuchung im Auftrag der Friedrich-Ebert-Stiftung kam vor wenigen Jahren zu einem alarmierenden Ergebnis. Ihr zufolge stimmten 25 % von repräsentativ befragten Bürgerinnen und Bürgern, dass sie mit der Demokratie, „so wie sie heute bei uns ist … nichts zu tun (haben)". Weitere 34 % konnten diese Aussage nachvollziehen.[5] Es muss nach den Gründen für diese Ablehnung oder Distanz gefragt werden. Hinter einer solchen Abwehr stehen nämlich die „subjektiven Erfahrungen ‚normaler Menschen'."[6]

Wenn man genauer hinschaut, dann ist die prinzipielle Bejahung der Demokratie in Deutschland überwältigend groß; 94,9 % von wiederum in einer Studie im Auftrag der Friedrich-

Ebert-Stiftung repräsentativ befragten Bundesbürger/-innen zeigten sich zufrieden mit der „Demokratie als Idee im Vergleich zu anderen Staatsformen". Aber nur noch 50,6 % waren zufrieden mit der Demokratie in der Bundesrepublik, „wie sie tatsächlich funktioniert."[7]

Gründe für „Politikverweigerung"

Aus den Zahlen dieser Erhebungen wird deutlich, dass viele Menschen die politische Realität der Bundesrepublik kritisieren. Das darf aber nicht mit Politikverweigerung gleichgesetzt werden – es kann sogar ein Hinweis auf eine sehr kritische und bewusste Wahrnehmung des gegenwärtigen Politikbetriebs sein. Es besteht offensichtlich vielfach der Eindruck, als kreisten Politiker/-innen in erster Linie um sich selbst. In den Argumentationstrainings gegen Stammtischparolen, bei denen es um populistische Sprüche aller Art geht,[8] taucht beim Brainstorming fast schon als Klassiker diese Äußerung auf: „Die da oben machen doch was sie wollen." Sie zieht sich wie ein roter Faden durch die mehreren hundert Workshops, die bisher durchgeführt wurden. Und wenn am Ende eines Wahlabends frustrierte und abgestrafte Politiker/-innen sagen, dass „die" Bürgerinnen und Bürger sie nicht verstanden hätten, dann verdeutlichen sie, wie sehr sie zu einer abgehobenen Kaste geworden sind. Bezeichnend ist es ja auch, wenn Politiker/-innen von den „Menschen draußen im Lande" sprechen. Das heißt ja, wir, die Politiker/-innen, da drinnen, die da, die Bürger/-innen, draußen. Es kann noch Weiteres aufgeführt werden: die Selbstgefälligkeit in Talkshows, die Inszenierung von Parteitagen als Events mit glorreicher Musik wie beim Einzug der Gladiatoren, die Absprachen in den Hinterzimmern, die Unfähigkeit oder mangelnde Bereitschaft, strukturelle Probleme transparent zu machen. Politik wird immer mehr zur Schönwetterprognose. Aber so dumm sind „die da draußen im Lande" nicht, als dass „die" nicht wüssten, dass „die" konfrontiert werden mir dringenden, existentiellen Problemen: Klimaveränderung, Finanzkrise, die Art und Weise, wie Global Players einen mit dem Nasenring durch die Arena führen, eine stärker werdende Kluft von Arm und Reich, eine fast schon imperialistische Banalisierung und Kommerzialisierung unseres gesellschaftlichen Lebens, Zunahme von alltäglicher Gewalt, Rassismus, Fundamentalismus etc. Wer legt da alle Karten auf den Tisch, wenn er oder sie in wenigen Monaten wieder gewählt werden möchte?

Das ist die Ausgangsposition. Aber wer will sich damit beschäftigen angesichts der eben angedeuteten kritischen Gesamtlage? Sind da nicht Abschottung auf der einen (im „Raumschiff Berlin") und Rückzug ins Private („draußen im Lande") auf der anderen Seite naheliegend?

Aber so einfach ist das auch nicht zu beantworten. Denn hinter diesem Befund steht ein strukturelles Problem: Der Soziologe Ralf Dahrendorf hat davon gesprochen, dass eine Gesellschaft Ligaturen braucht. In dem Begriff stecken die beiden lateinischen Wörter religio und obligo, also Rücksicht und Verbindung. Dahrendorf beschrieb Ligaturen als „tiefe kulturelle Bindungen, die Menschen in die Lage versetzten, ihren Weg durch die Welt der Optionen zu finden."[9] Eine Gesellschaft kann ohne sie nicht existieren. Aber Dahrendorf bemerkte auch den Verlust dieser Ligaturen. Das sieht man beispielsweise an dem fast schon dramatischen Rückgang der Mitgliedschaft in Kirchen, Parteien und Gewerkschaften. Die SPD beispielsweise hatte im Jahr 2014 nur noch 473.662 Mitglieder, seit 1990 hat die Partei die Hälfte ihrer Mitglieder verloren.[10] Die Individualisierung des Lebens führt dazu, dass jeder sich zunächst einmal um sich kümmert – mit wachsender Intensität. Werbeslogans wie der von der Postbank „Unterm Strich zähl ich" oder vom Hagebaumarkt „Mach dein Ding" kommen ja nicht von ungefähr. Die Werbestrategen wissen schon genau, worauf es ihrer Zielgruppe ankommt. Hierzu passt auch die Popularität des „Selfie", das zum Wort des Jahres 2013 wurde.

Hinzu kommt noch die Verbetriebswirtschaftlichung nahezu aller gesellschaftlichen Teilbereiche und das, was Frank Schirrmacher, der 2014 verstorbene Mitherausgeber der Frankfurter Allgemeinen Zeitung, mit seinem letzten und prominent gewordenem Buch beschreibt „Ego. Das Spiel des Lebens": Der Mensch, so seine Diagnose, ist zu einem egoistisches Wesen geworden, das nur auf das Erreichen seiner Ziele, auf seinen Vorteil und das Austricksen der anderen bedacht ist.[11]

Schirrmachers Buch „erzählt davon, wie nach dem Ende des Kalten Kriegs ein neuer Kalter Krieg im Herzen unserer Gesellschaft eröffnet wird. Es ist die Geschichte einer Manipulation: ... Vor sechzig Jahren wurde von Militärs und Ökonomen das theoretische Modell eines Menschen entwickelt. Ein egoistisches Wesen, das nur auf das Erreichen seiner Ziele, auf seinen Vorteil und das Austricksen der anderen bedacht war: ein moderner Homo oeconomicus. ... Aktienmärkte werden heute durch ihn gesteuert, Menschen ebenso. Er will in die Köpfe der Menschen eindringen, um Waren und Politik zu verkaufen. Das Modell ist zur selbsterfüllenden Prophezeiung geworden. Der Mensch ist als Träger seiner Entscheidungen abgelöst, das große Spiel des Lebens läuft ohne uns."[12] Weiter heißt es: „Es wächst ein soziales Monster heran, das aus Egoismus und Angst zusammengesetzt ist und gar nicht anders kann, als im anderen immer das Schlechteste zu vermuten."[13] Entstanden ist es aus dem Erfolg eines „ökonomischen Imperialismus",[14] der zur beherrschenden wissenschaftlichen Theorie geworden ist und auch unsere Lebenswelt dominiert. Dieses „Monster"[15] ist in uns und mit uns, Schirrmacher nennt es „Nummer 2".[16] Mit ihm ist ein „Hominid"[17] entstanden, „das rein ökonomisch handelnde Modell eines Menschen, der rational, und das heißt konsistent in Übereinstimmung mit seinen Regeln, in Märkten seinen Vorteil sucht. Eine kleine Lustmaschine, der es nur um die Durchsetzung ihrer Konsumwünsche (ihrer ‚Präferenzen') geht und den Altruismus, wenn überhaupt, nur interessiert, sofern er indirekt dem eigenen Vorteil dient. Das von Ökonomen konstruierte Wesen hat glasklare und berechenbare Präferenzen – Misstrauen und Selbstsucht – es wird getrieben vom Willen zum Profit, und seine Wahrheit beginnt und endet im Preis."[18] Dieses Wesen, die Nummer 2, hat angefangen, „für Nummer 1, den echten Menschen, zu denken und zu handeln."[19]

Genau das Gegenteil ist aber notwendig, wenn dieses Land und die Welt eine erstrebenswerte Zukunft haben sollen: nämlich Solidarität fördern und das allgemeine Wohl bedenken.

Aber was ist wirklich Politik?

An dieser Stelle ist ein Exkurs zu dem Begriff, um den es hier geht, angebracht: Politik.

In der Politikwissenschaft geht es dabei um zweierlei: um das, was ist und das, was sein soll. So stellt der Politikwissenschaftler Bodo Zeuner fest: „Die Verwendung des Begriffs Politik in der Umgangssprache, im öffentlichen politischen Diskurs und in der Politikwissenschaft enthält stets die Doppelbedeutung des Normativen und des Faktischen. ... Es geht fast immer zugleich um das, was ist (und ob es ist) und um das, was sein soll und warum."[20] Politische Programme, Ideen und Ziele sind zwar normativ begründet, aber ob und inwieweit sie sich in einer Gesellschaft durchsetzen, hängt auch „ab von realen Chancen und Möglichkeiten."[21] Wo diese Chancen und Möglichkeiten liegen und wer sie ergreift, ist damit nicht festgeschrieben.

Es gibt drei Traditionen, die in Deutschland dem Politikbegriff zugrunde liegen:[22]

1. Die griechische Tradition, der zufolge es bei der Politik um die Herstellung einer „guten Ordnung" gehen soll.
2. Mit Machiavelli bedeutet Politik ausschließlich Machterwerb, Machterhalt und Staatsräson.
3. In der Aufklärung wird der Politikbegriff verbunden mit der Erwartung der Veränderung oder gar Umwälzung von gesellschaftlichen Herrschaftsverhältnissen.

Bei allen Unterschieden gibt es eine Gemeinsamkeit, immer „ist ‚Politik' der Funktion nach die Herstellung gesellschaftlicher Entscheidungen ... für eine gesellschaftliche Einheit."[23] Politik unterscheidet sich somit z. B. von der Ökonomie oder dem Recht. Allerdings werden in der Gegenwart diese Unterschiede und Grenzen vermischt, was einmal zu einer Ausfransung von Politik und zum anderen zur Inbesitznahme von Politik führt.

Wie allein diese drei genannten Traditionen des Politikbegriffs zeigen, ist Politik ganz und gar nicht unumstritten. Im Gegenteil: Es gibt zahlreiche Ansichten, was Politik sein soll und wem bzw. wofür sie zu dienen hat.

Klärung schaffen aber die der „Politik" entsprechenden Schlüsselbegriffe. Politikwissenschaftler nennen an vorderster Stelle in dieser Reihenfolge:[24] Konflikt(e), Interesse, Macht, Konsens, Herrschaft und Willensbildung.

Diese Kategorien bieten Mittel, beispielsweise in Bildungsveranstaltungen wie in einem Argumentationstraining das „Politische" aufzuspüren und zu begreifen. So kann u. a. danach gefragt werden: Welche Interessen sind im Spiel? Wie und mit welchen Mitteln setzen sie sich durch? Welche Interessen sind zwar vorhanden, aber nicht durchsetzungsfähig? Warum? Welche Regeln und Prozesse gibt es, um allgemeine Verbindlichkeiten herzustellen? Welche Formen und Wege sind vorhanden (oder denkbar), um eine Willensbildung wirksam herbeizuführen? Welche Hindernisse gibt es?

In der jüngeren Diskussion wird Politik als mehrdimensional strukturiert gesehen, und zwar mit dem Begriffstrio politiy, policy und politics:[25]

1. Polity: „Politik hat nach dieser Auffassung erstens eine institutionelle Dimension, die durch Verfassung, Rechtsordnung und Tradition festgelegt ist."

2. Policy: „Politik hat zweitens eine normative, inhaltliche Dimension, die auf Ziele, Aufgaben und Gegenstände von Politik verweist."

3. Politics: „Politik hat drittens eine prozessuale Dimension, die auf die Vermittlung von Interessen durch Konflikt und Konsens abstellt."

Politik hat also mehrere Dimensionen und Handlungsfelder. Damit ist Politik auch „entstaatlicht". Sie ist mehr als das Handeln von Politiker/-innen in Regierungen, Parteien und Parlamenten. Deutlich macht das auch eine Definition des Politikwissenschaftlers Peter Massing: „Politik im engeren Sinne meint die Gesamtheit der Aktivitäten, die zur Vorbereitung und zur Herstellung gesamtgesellschaftlich verbindlicher und/oder am Gemeinwohl orientierter und die ganze Gesellschaft betreffender Entscheidungen erforderlich sind."[26]

Die Wiederentdeckung von Politik

Der im Jahr 2015 verstorbene Soziologe Ulrich Beck hat in seinem in den 80er Jahren erschienenem spektakulären Buch „Risikogesellschaft" von der „Entgrenzung", „Entörtlichung" und „Entmachtung" von Politik geschrieben.[27] Damit meint er, das die „Trennung von Politik und Nichtpolitik brüchig" wird".[28] Die Folge: „Das politisch-administrative System kann ... nicht länger einziger oder zentraler Ort des politischen Geschehens sein."[29] Der Politikwissenschaftler Michael Th. Greven pflichtet

dieser Aussage bei: „Politik ist heute nicht mehr mit dem klassischen Staatsbegriff und seiner hoheitlichen Verwaltung gleichzusetzen oder engzuführen."[30]

Es gibt in einer pluralen, individualisierten Gesellschaft und in einer globalen Welt viele Akteure, die politisch wirken: Neben den klassischen Staatsorganen gibt es unzählige Institutionen und Organisationen, die national, übernational und/oder international verfasst und tätig sind. Dazu kommt eine wachsende Bedeutung von zivilgesellschaftlichen Akteuren und NGOs. Diese Non-governmental organizations sind Nicht-Regierungsorganisationen (auch NRO genannt), die von Bürger/-innen mit gleichen Interessen gegründet wurden. Mittlerweile sind mächtige und einflussreiche Organisationen entstanden wie Human Right Watch, die sich für die Wahrung der Menschenrechte engagiert, Oxfam, die sich für eine gerechtere Welt ohne Armut einsetzt, Greenpeace, die auf Mensch und Umwelt achtet, oder Amnesty International, die für ihr weltweites Engagement für Menschenrechte bekannt sind.

Diese und die vielen anderen NGOs arbeiten am Gemeinwohl orientiert und sind nicht auf Profit ausgerichtet.[31] Sie haben eine wachsende Attraktivität – gerade bei jungen Menschen – gefunden. Der Grund dafür findet sich in einer Selbsteinschätzung aus dem Verhaltenskodex der NGOs: „Eine der größten Sorge moderner Demokratien ist die Entfremdung der Bürger von politischen Prozessen. In diesem Zusammenhang bildet die Zivilgesellschaft, wie andernorts auch, ein wichtiges Element des demokratischen Prozesses. Sie zeigt den Bürgern alternative Wege auf – neben denen politischer Parteien und Lobbys –, unterschiedliche Ansichten zu kanalisieren und eine Vielfalt von Interessen beim Entscheidungsprozess zu gewährleisten."[32]

Die Millionen Menschen weltweit, die sich in den NGOs und in nationalen, regionalen oder lokalen Aktivitäten engagieren, setzen das um, was Ulrich Beck in einem anderen Buch beschreibt: Es „entsteht ... eine institutionenlose Renaissance des Politischen: Die Individuen kehren in die Gesellschaft zurück."[33]

Politik findet allenthalben statt: Die Art und Weise des Kaufens und Konsumierens, die Entscheidung für oder gegen bestimmte Energieträger, die Gestaltung von Beziehungen, die Formen des Zusammenlebens, das Benutzen von Kommunikationsmitteln, das Mitmachen oder das Dagegenhalten, die Zustimmung oder der Widerspruch bei einer rassistischen Äußerung. Es gibt viele Wege und Weisen politisch zu sein. Denn, so der Appell an alle in einem kämpferischen, populär gewordenen Buch mit der „Anleitung zum Widerstand": „Es hängt ausschließlich von Ihnen ab, ob sich etwas verändert."[34] Man muss nur hinschauen, wo sich wirklich etwas tut, und man muss sich eine andere Perspektive angewöhnen: „Wir suchen das Politische am falschen Ort, mit den falschen Begriffen, in den falschen Etagen, auf den falschen Seiten der Tageszeitungen."[35] Die Gleichsetzung von Politik mit Staat ist – wie Beck bemerkt – „ein Kategorienfehler".[36]

Demokratie ist mehr als Machttechnik

Damit gerät Demokratie keinesfalls in die Krise, wie noch vor einem Jahrzehnt mit dem Hinweis auf den Funktionsausfall politischer Steuerung gemeint wurde[37] und wie gegenwärtig weiter thematisiert wird.[38] Zwar gibt es eine hinreichend belegte „unpolitische Politik".[39] Gemeint ist da u. a. die Vielfalt von „Akteuren, die in einem komplexen, von multiplen Netzwerken konstituierten Regelmodell miteinander agieren ..."[40] Das schafft natürlich schwerfällige Abstimmungs- und Entscheidungsprozeduren und erweckt den nicht unberechtigten Eindruck von Handlungsohnmacht. Solche Vorgänge, in die Regierende, Parteipoliker/-innen, Beamte, Lobbyisten und Vertreter/-innen internationaler Ebenen und Gremien involviert sind, sind schwer zu durchschauen und das Ergebnis ist im Hinblick auf Ursache und Wirkung auch nicht eindeutig nachvollziehbar. Fatal ist es dann, wenn die Folge eine sich abwendende, nur auf ihre jeweiligen Nischen sich zurückziehende „unpolitische Gesellschaft"[41] ist.

Aber Demokratie wächst und wird stabil, wenn Bürger/-innen nicht auf „die" Politiker/-innen warten, sondern selbst initiativ werden. Dass dieses Bewusstsein besteht, zeigte der fulminante Erfolg der kleinen Streitschriften von Stéphane Hessel. Im hohen Alter von fast Mitte neunzig appellierte er, der Mitunterzeichner der Charta der Menschenrechte, mit Titeln wie „Empört euch!" und „Engagiert euch!"[42] an Menschen, genau dieses zu tun: „Wir alle sind aufgerufen, unsere Gesellschaft so zu bewahren, dass wir auf sie stolz sein können: nicht diese Gesellschaft der in die Illegalität Gedrängten, der Abschiebung, des Misstrauens gegen Zuwanderer, in der die Sicherung des Alters, die Leistungen der Sozialversicherung brüchig geworden sind, in der die Reichen die Medien beherrschen ...".[43] Und er fordert auf, gewaltfrei Druck zu machen: „Mischt euch ein, empört euch! Die Verantwortlichen in Politik und Wirtschaft, die Intellektuellen, die ganze Gesellschaft dürfen sich nicht kleinmachen und kleinkriegen lassen von der internationalen Diktatur der

Finanzmärkte, die es so weit gebracht hat, Frieden und Demokratie zu gefährden."[44]

Damit ist auch ein alter Streit entschieden, der in den 70er
Jahren noch brannte, nämlich ob Demokratie lediglich eine
Staats- oder vielmehr eine Gesellschaftsform sei. Damals verlie-
fen die Fronten noch zwischen „links" und „rechts" – so einfach
ist die Welt heute nicht mehr sortiert. Das hat sich weitgehend
erledigt. Heute gibt es neue Konfliktlinien: Es geht um nicht
mehr und nicht weniger, als die Aushöhlung von Demokratie zu
verhindern. Diese ist in eine „Konfusion" geraten.[45] Daher sei
noch einmal Oskar Negt, diesmal in einem Interview mit dem
„Spiegel", zitiert: „Demokratie im Sinne einer funktionierenden
Zivilgesellschaft ist mehr als eine Machttechnik. Sie beruht auf
der Selbstbestimmung autonomiefähiger Bürger. Deshalb ver-
stößt jede Behinderung oder Einschränkung dieser Autonomie
und Selbstbestimmung gegen ihre Leitnorm. Politik im demokratischen Prozess ist ein Stück Sinnverwirklichung des Menschen als eines gesellschaftlichen Wesens."[46]

Und auf den Einwand des Interviewers: „Wenn dagegen die
Politikverdrossenheit zunimmt", antwortete Negt: „... gehen der
so vernachlässigten und vergessenen Demokratie die echten Demokraten aus."[47]

Das heißt letztendlich, dass der kritische Blick auf „die" Politik erlaubt, ja notwendig ist. Aber er darf nicht zur achselzucken-
den Abkehr von Politik führen. Denn auch hier gilt der Spruch
von Erich Kästner: „Es gibt nichts Gutes, außer man tut es."

2. „Hör mir auf mit den Politikern!" – Gängige Stammtischparolen über Politik

Wer kennt nicht Äußerungen über Politik und Demokratie, die als Stammtischparolen bezeichnet werden können? Wo aber hört deutlich formulierte Kritik auf, und wo beginnt niveauloses Reden auf Stammtischniveau? Ist es nicht auch verständlich manchmal Stammtischparolen zu äußern, wenn das politische Alltagsgeschäft frustriert?

Stammtischparolen lassen sich als aggressive, zugespitzte, platte, dogmatische, vereinfachende Schwarz-Weiß-Malereien definieren, welche die Welt in „richtig" und „falsch" einteilen. Stammtischparolen sind selbstgerechte Mitteilungen von Menschen, die glauben, ihre Meinung hätte einen Anspruch auf Allgemeingültigkeit.[48]

Politische Stammtischparolen können sich erstens auf Inhalte beziehen, wie beispielsweise die Sozial- oder Integrationspolitik.[49] Sie können sich zweitens an das politische System insgesamt richten, womit dann die Demokratie gemeint ist, oder drittens auf Prozesse, also insbesondere die Entscheidungsprozesse in der Demokratie. Viertens können auch Akteure in der Demokratie, wie insbesondere die Politiker/-innen damit angesprochen sein. Zu guter Letzt und fünftens können Stammtischparolen sich auf Institutionen wie den Bundestag beziehen.

Hinsichtlich der inhaltlichen Stammtischparolen zu politischen Themen gibt es eine breite Palette an Aussagen, in denen die eigene politische Meinung absolut gesetzt und die entgegengesetzte Meinung als Ergebnis von Unreflektiertheit oder zumindest geringer Informiertheit gesehen wird. Auch wenn derartige Parolen im politischen Streitgespräch unangenehm sind, so stellen sie doch das politische System sowie die damit verbundenen Prozesse, Akteure und Institutionen nicht grundsätzlich in Frage.

Anders die Stammtischparolen, die sich auf das System, die Prozesse, die Akteure und die Institutionen beziehen: Hier geht es um wesentliche Aspekte der Demokratie, weshalb diese Stammtischparolen das Verhältnis zwischen Bürger/-innen und Politiker/-innen beziehungsweise zwischen Bürger/-innen und Staat grundsätzlich belasten und damit letztlich auch den Zusammenhalt unserer Gesellschaft insgesamt gefährden.[50]

Dieses Verhältnis lässt sich in seiner problematischen Wechselwirkung mittels eines sogenannten Teufelskreises anschaulich verdeutlichen. Zwei Thesen liegen der Vorstellung des Teufelskreises zugrunde (siehe Abbildung):

1. Je mehr Politik(er)verdrossenheit[*] bei den Bürgern/-innen besteht, umso größer ist auch die Bürgerverdrossenheit der Politiker/-innen.

2. Je mehr Bürgerverdrossenheit[**] bei den Politikern/-innen besteht, umso größer ist auch die Politik(er)verdrossenheit der Bürger/-innen.

Politik(er)verdrossenheit der Bürger/-innen und Bürgerverdrossenheit der Politiker/-innen schaukeln sich also gegenseitig hoch.

---

[*]   Politik(er)verdrossenheit meint hier die pauschale Verächtlichmachung von Politik und Politikern, die sich in Stammtischparolen ausdrückt.

[**] Bürgerverdrossenheit meint hier die pauschale Verächtlichmachung von Bürgern, die, wenn auch öffentlich nicht ausgedrückt, doch das Handeln der Politiker beeinflusst.

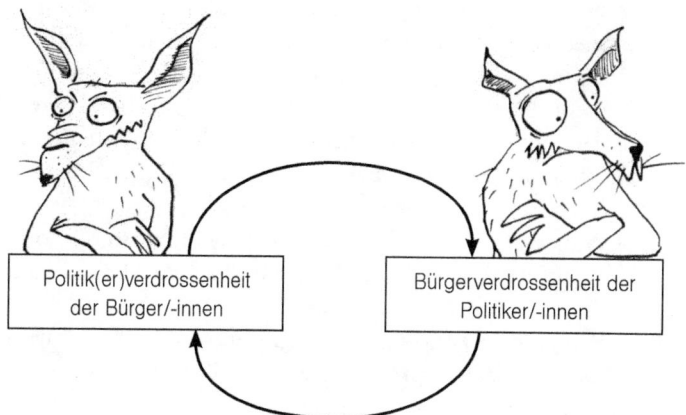

Abbildung: Teufelskreis zwischen Politik(er)verdrossenheit und Bürger-verdrossenheit

Dieser Zusammenhang zwischen Politik(er)verdrossenheit der Bürger/-innen und Bürgerverdrossenheit der Politiker/-innen lässt sich auch mit einem komplexeren Teufelskreis erklären, der zwei sich selbst verstärkende Kreisläufe aufzeigt und auf acht Thesen basiert:

1. Je politik(er)verdrossener Bürger/-innen sind, umso mehr werden sie den Kontakt mit Politikern/-innen vermeiden (z. B. sinkende Mitgliederzahlen in Parteien).
2. Je mehr die Bürger/-innen den Kontakt mit Politikern/-innen vermeiden, umso bürgerverdrossener werden die Politiker/-innen (z. B. da sich die Politiker/-innen immer weniger in ihrem Engagement wertgeschätzt fühlen).
3. Je bürgerverdrossener Politiker/-innen sind, umso mehr werden sie sich von den Bürgern/-innen abschotten (z. B. da sie das Gefühl haben, dass „lautes Denken" bestraft wird).
4. Je mehr sich Politiker/-innen abschotten, umso größer ist die Politik(er)verdrossenheit der Bürger/-innen (z. B. da sie das Gefühl haben, dass die Politiker/-innen abgehoben sind).

5. Je politik(er)verdrossener Bürger/-innen sind, umso mehr werden sie Politiker/-innen platt kritisieren (z. B. Verächtlichmachung von Politikern/-innen).

6. Je mehr die Bürger/-innen Politiker/-innen platt kritisieren, umso bürgerverdrossener werden die Politiker/-innen (z. B. da sie immer mehr das Gefühl haben, man könne die Bürger/-innen nicht ernst nehmen).

7. Je bürgerverdrossener Politiker/-innen sind, umso mutloser wird ihre Politik (z. B. da man unangenehme Themen und Wahrheiten lieber meidet).

8. Je mutloser die Politik ist, umso größer ist die Politik(er)verdrossenheit der Bürger/-innen (z. B. da die Bürger/-innen den Politikern/-innen immer weniger glauben).

Um diesen Teufelskreis zu durchbrechen, stellen wir in diesem Kapitel eine Reihe von Stammtischparolen vor, die in der Gesellschaft weit verbreitet sind.

Sie stammen aus Forschungsprojekten,[51] aus Seminaren an der Universität Augsburg und aus Veranstaltungen in der Erwachsenenbildung, der außerschulischen Jugendbildung sowie Workshops an Schulen.[52]

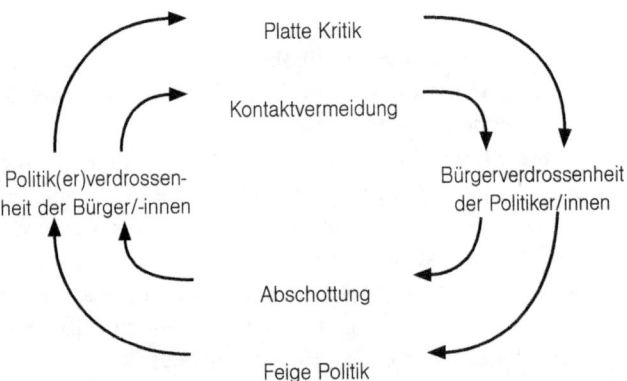

Abbildung: Teufelskreis zwischen Politik(er)verdrossenheit und Bürgerverdrossenheit mit zwei sich selbst verstärkenden Kreisläufen

Stammtischparolen kann durch die Arbeit mit Dilemmata gut begegnet werden. Demokratie enthält fundamentale Dilemmata, die in vereinfachenden und stereotypisierenden Aussagen oft ausgeblendet und vermieden werden.[53] In zahlreichen Entscheidungssituationen finden sich Politiker im Dilemma zwischen gleichberechtigten Alternativen. Dilemmata aufzuzeigen ist ein geeigneter Weg deutlich zu machen, dass schnelle, einfache und dauerhaft funktionierende Lösungen in der Politik oftmals nicht möglich sind. Dies fördert nicht nur die politische Urteilsfähigkeit sondern trägt auch zur Immunisierung gegen Stammtischparolen bei.

Für die inhaltliche Auseinandersetzung mit Stammtischparolen und den Dilemmata der Demokratie wird im Folgenden ein Instrument aus der Kommunikationspsychologie verwendet, das sogenannte Werte- und Entwicklungsquadrat.[54] Die Prämisse oder auch der Kerngedanke des Werte- und Entwicklungsquadrats lautet in den Worten des Kommunikationsforschers Friedemann Schulz von Thun, der dieses Instrument populär gemacht hat:

> „Um den dialektisch strukturierten Daseinsforderungen zu entsprechen, kann jeder Wert (jede Tugend, jedes Leitprinzip, jedes Persönlichkeitsmerkmal) nur dann zu einer konstruktiven Wirkung gelangen, wenn es sich in *ausgehaltener Spannung* zu einem positiven Gegenwert, einer ‚Schwestertugend‘, befindet. Statt von ausgehaltener Spannung läßt [sic!] sich auch von *Balance* sprechen. Ohne diese ausgehaltene Spannung (Balance) verkommt ein Wert zu seiner ‚Entartungsform‘ … – oder sagen wir lieber: zu seiner *entwertenden Übertreibung.*"[55]

Beispielsweise ist Sparsamkeit nur so lange eine Tugend, wie sie kombiniert ist mit der Schwestertugend Großzügigkeit. Sparsamkeit alleine würde zum Geiz entarten, Großzügigkeit zur Verschwendungssucht. Darstellen lässt sich dies wie folgt (siehe Abbildung:

Abbildung: Werte- und Entwicklungsquadrat zum Spannungsfeld zwischen Sparsamkeit und Großzügigkeit

Zur Erläuterung: Ein Wert, beispielsweise Sparsamkeit, ist nur dann „wertvoll" wenn er in Balance mit seinem Spannungswert, also der Großzügigkeit, gelebt wird. Je nach Situation ist entweder eine Orientierung am Wert oder am Spannungswert, also am positiven Gegenwert, angemessener. So wird beispielsweise bei der Weihnachtskollekte eine Spende von 50 Cent nicht als „sparsam" bezeichnet werden und ein Catering im Rahmen eines Universitätsseminars, auf dem Champagner und Feinkost serviert werden, nicht als „großzügig". Vielmehr landet man in beiden Fällen bei der entwertenden Übersteigerung, also dem Geiz beziehungsweise der Verschwendung. Im Falle einer entwertenden Übersteigerung, also wenn einem Geiz oder Verschwendung vorgeworfen wird, liegt die Lösung darin, sich am gegenüberliegenden Wert zu orientieren, der

für den Ausgleich benötigt wird („Was fehlt für Ausgleich?")
(siehe Abbildung).

Abbildung: Die Systematik des Werte- und Entwicklungsquadrats

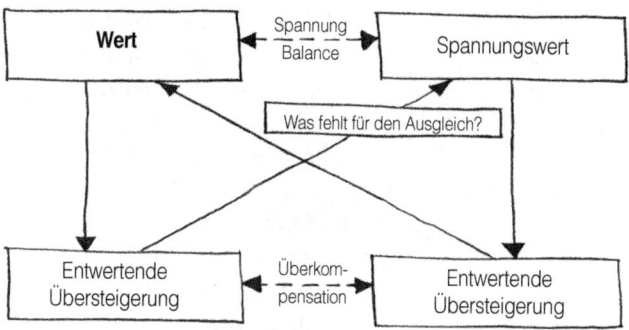

In politischen Alltagsgesprächen wird häufig nur ein Wert positiv
gesehen (z.B. die Sparsamkeit). Der für die Balance wichtige Spannungswert (also die Großzügigkeit) wird dagegen in seiner entwertenden Übersteigerung betrachtet (als Verschwendung) und damit
abgewertet. Das Werte- und Entwicklungsquadrat trägt dazu bei,
nicht nur die entwertende Übersteigerung des eigenen Wertes in
den Blick zu nehmen (den Geiz) sondern auch das Wertvolle (die
Großzügigkeit) in der entwertenden Übersteigerung (der Verschwendung) zu sehen, die man ablehnt. In Konfliktsituationen
wird durch das Erkennen von Dilemmata (also z.B. zwischen Sparsamkeit und Großzügigkeit) das Niveau gleichsam bildlich angehoben, indem nicht länger Positionen auf der unteren Ebene wechselseitig bekämpft werden, sondern das Bewusstsein für die notwendigen Spannungsfelder als Dilemma verinnerlicht wird. Dies
sorgt für eine andere Diskussionskultur und die Möglichkeit gemeinsamer kreativer Entscheidungen im demokratischen Prozess,
der unaufhebbar und unabgeschlossen bleiben muss.

Mit dem Instrument des Werte- und Entwicklungsquadrates
ist für die Auseinandersetzung mit Stammtischparolen etwas
ganz wesentliches impliziert: Demnach sind Stammtischparolen

weder per se unreflektiert noch basieren sie zwingend auf einer geringen Informiertheit, sondern sie sind Folge einer bestimmten, einseitigen Betrachtungsweise. Stammtischparolen können also durchaus einen zutreffenden und wichtigen Kerngedanken beinhalten. Natürlich gibt es auch Stammtischparolen, die einfach nur beleidigend oder menschenverachtend sind. Beispielsweise verlassen Aussagen wie „Die Politiker gehören doch alle ins Arbeitslager" den Rahmen eines zivilen Gesprächs und erfordern als Reaktion weniger die Einladung zum inhaltlichen Diskurs als eine scharfe Abgrenzung.[56]

Oftmals bietet aber die Betrachtung mit dem Werte- und Entwicklungsquadrat die Chance, sich vertiefend mit einer interessanten politischen Problematik auseinanderzusetzen. Manchmal spitzen sie einen wichtigen Gedanken auch einfach nur zu. Die hier dargestellten Werte- und Entwicklungsquadrate dürfen dabei nicht so verstanden werden, als wären sie die einzig denkbare und die ausschließlich richtige Lösung. Vielmehr kann es sehr anregend sein, sich zu den ausgeführten Problemen weitere Werte- und Entwicklungsquadrate zu überlegen.

Die nachfolgend diskutierten Stammtischparolen stehen beispielhaft für eine Vielzahl anderer Parolen: Exemplarisch soll mit diesen Beispielen deutlich gemacht werden, was die berechtigte Kritik in typischen Parolen ist, und wo diese das Problem zu einseitig betrachten.

2.1 Stammtischparolen über das politische System im Gesamten

Grundsätzlich gibt es, wie schon erwähnt, eine hohe Wertschätzung für die Idee der Demokratie. Auch die Identifikation mit dem Staat weist hohe Werte auf: Mit Deutschland fühlen sich 93 % der Deutschen stark oder sehr stark verbunden.[57]

Aber eine weit verbreitete Parole bezieht sich darauf, dass Politik entweder für einen selbst irrelevant oder die eigene Mitwirkung in der Demokratie nicht nötig sei.

STAMMTISCHPAROLE

Was die da machen, hat doch alles nichts mit mir zu tun.

Ähnliche Parolen:
Politik geht mich nichts an.
Wer regiert ist doch letzlich egal.

Mit der Stammtischparole „Was die da machen, hat doch alles nichts mit mir zu tun" wird eine Distanz zur Politik ausgedrückt, die sich in der (vermeintlichen) Irrelevanz politischer Entscheidungen für das eigene Leben ausdrückt.

Natürlich wird wohl jeder zugestehen, dass politische Entscheidungen vorstellbar sind, die sehr wohl das eigene Leben direkt betreffen. Schaut man nicht nur auf die Politik in Deutschland sondern auch in anderen Staaten, finden sich hier vielfältige Beispiele. So würden es die meisten Menschen in Deutschland als deutlichen Eingriff in ihr Leben empfinden, wenn im Internet der Zugang zu Youtube oder Twitter durch den Staat gesperrt würde. Oder wenn das Recht auf einen Studienplatz von der richtigen politischen Einstellung und dem entsprechenden Engagement abhängen würde. Oder wenn man seine Arztrechnungen komplett selbst übernehmen müsste.

Insofern bezieht sich die der Stammtischparole inhärente Kritik möglicherweise darauf, dass die Fragen, die in unserem Land aktuell diskutiert und entschieden werden, vergleichsweise unbedeutend sind. Man kann auch durchaus zugestehen, dass in den letzten Jahren in Deutschland die wirklich großen Unterschiede zwischen den aktuell im Bundestag vertretenen Parteien hinsichtlich grundlegender Fragen immer mehr am Verschwinden sind. Selbst lange Zeit konfliktträchtige Themen wie beispielsweise Abschaffung der Wehrpflicht, Ausstieg aus der Kernenergie, Beteiligung der Bundeswehr an Auslandseinsätzen oder die Eheschließung gleichgeschlechtlicher Paare sind heute keine grundsätzlichen Streitfragen mehr, sondern sorgen eher auf der Detailebene für Kontroversen.

Man könnte also kritisieren, dass es in der Politik nur um Kleinigkeiten, um Nebensächlichkeiten geht. Oder man könnte auch durchaus froh darüber sein, dass Politik in unserem Lande nicht ständig mit großen und grundlegenden Weichenstellungen und grundsätzlichen Konflikten zu tun hat.

Eine weitere Möglichkeit wäre auch, einen Blick darauf zu werfen, ob die vermeintlichen Detailfragen tatsächlich so unbedeutend sind, oder ob es bei ihnen nicht letztlich auch um grundlegende politische Problemstellungen geht.

Ein Beispiel zur Europäischen Union aus dem Jahr 2014 veranschaulicht dies. Die Europäische Union führte eine Verordnung ein, die vorschreibt, dass Kaffeemaschinen, die ab 2015 neu auf den Markt kommen, sich nach spätestens fünf Minuten von selbst ausschalten müssen. Der Eingriff dieser Regelung in das private Leben ist sicherlich vergleichsweise gering. Dennoch sind einige damit verbundene Fragen von grundsätzlicher Bedeutung. Hierzu gehört die Frage, ob es legitim ist, dass der Staat (in dem Fall ein Staatenverbund) seinen Bürgern vorschreibt, welche Art von Kaffeemaschinen der Einzelne kaufen kann. Ist dies nur gerechtfertigt, weil es um ein allgemein anerkanntes Ziel, also Stromsparen für den Klimaschutz, geht? Oder führt eine derartige Politik nicht gerade zu einer Abkehr vom Idealbild eines mündigen Bürgers, der selbst

WAS FÄLLT DIR ZUR EU EIN?

KALTER KAFFEE!

Verantwortung für sein Konsumverhalten übernimmt? So besteht beispielsweise die Gefahr, dass die Durchsetzung einer Verordnung zum Verfall der individuellen Verantwortung führen kann, was letztlich auch eine Geringschätzung von Werten zur Folge hätte und damit auch ein Minimieren des Engagements für die eigene Gesellschaft.

Deutlich wird, dass die vermeintliche Detailfrage sehr schnell grundsätzlichere politische Fragen tangiert. Wie soll nun aber Politik mit dieser Problematik umgehen? Soll sie sogar beim Streit um die Kaffeemaschine die großen und grundsätzlichen Streitfragen der politischen Theorie bemühen und auch Detailfragen zu großen emotionalisierten Konflikten hochstilisieren? Oder soll sie nicht lieber einfach nur sagen: „Es geht hier um eine Detailfrage." Letzteres hat allerdings zur Folge, dass sich viele nicht damit identifizieren und denken: „Was die da machen hat doch alles nichts mit mir zu tun." Mit einem Werte- und Entwicklungsquadrat lässt sich dieses Spannungsfeld veranschaulichen (siehe Abbildung).

Werte- und Entwicklungsquadrat:
„Was die da machen, hat doch alles nichts mit mir zu tun."

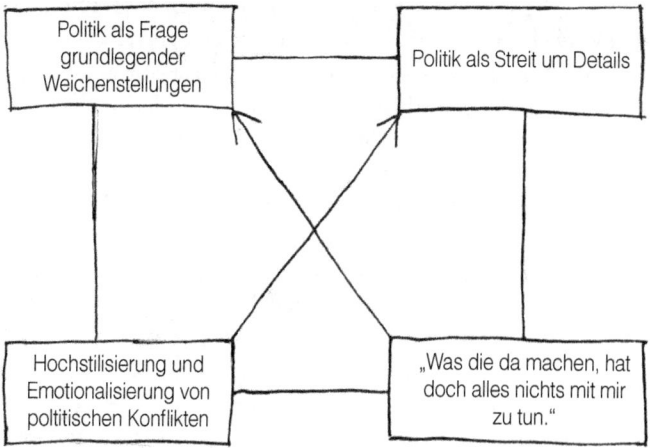

Sowohl für die Politik als auch für die Medien, die politische Bildung und die Bürger selbst, ist hier eine Balance zwischen den oben genannten Orientierungen „Politik als Frage grundleger Weichenstellungen" und „Politik als Streit um Details" sinnvoll. Und wenn der Einzelne den Eindruck hat, Politik hätte nichts mit ihm zu tun, ist es gerade interessant, die grundlegenden politischen Fragen, die auch in einer Detailentscheidung stecken, zu thematisieren.

An dieser Stelle ist es wichtig, unter der Perspektive „das politische System im Gesamten" eine weitere Dimension im Blick zu behalten, die auch bei den folgenden Dilemmata der Demokratie entscheidend ist: die Gleichwertigkeit der Alternativen (in diesem Fall grundlegende Weichenstellungen oder Details) kann nur gelten, wenn die Machtverhältnisse annähernd gleich sind. Die entscheidende Frage ist hier: Wem nützt es, sich auf Detailfragen zu konzentrieren? Das können mitunter diejenigen sein, die von den Privilegien des Status Quo profitieren und diesen nicht in Frage stellen wollen. Gesellschaftlich ausgegrenzte Gruppen haben dagegen gar nicht die Wahl der Alternative zwischen Detail und grundlegenden Weichenstellungen – um Teil der Gesellschaft zu werden, können sie nur die ‚Systemfrage‘ stellen. Gleiches gilt für den Umgang mit radikalen Positionen, die bestimmte Gesellschaftsgruppen ausgrenzen wollen. Auch hier kann es keine Gleichwertigkeit der Alternativen „alle einbeziehen" und „bestimmten Gruppen Grenzen setzen", wenn die Grenzsetzung tendenziell gegenüber denen erfolgt, die ohnehin schon zu den eher Unterprivilegierten und Machtlosen gehören. Oder – auch das ist eine Möglichkeit – ist der Ruf nach Grenzziehung der einer Minderheit, die angesichts der Übermacht des Status quo unterzugehen droht?

Es gilt also, in der Differenzierung von Stammtischparolen einerseits die individuelle Ebene der Verantwortung für eine Position im Blick zu behalten, und andererseits die systemische Ebene von Macht- und Diskriminierungsstrukturen nicht aus dem Blick zu verlieren.

2.2 Stammtischparolen über den politischen Prozess

Hinsichtlich des politischen Prozesses gibt es viel und oft laut formulierte Kritik: Politische Prozesse dauern zu lange, sind ineffektiv und außerdem haben im Prozess die Falschen zu viel und die Richtigen zu wenig zu sagen. – Wobei es natürlich unterschiedliche Auffassungen darüber gibt, wer die Falschen und wer die Richtigen sind. Typisch ist die Kritik, dass in der Politik zu viel geredet und zu wenig gehandelt würde.

STAMMTISCHPAROLE

In der Politik wird zu viel geredet und zu wenig gehandelt.

Ähnliche Parolen:
*Die Politik ist doch einfach unfähig,
eine Entscheidung zu treffen.*
Politiker reden doch nur.

Nun gibt es in der Politik ein Dilemma zwischen einerseits dem Wunsch nach schnellen Entscheidungen und andererseits den Forderungen nach umfassender Partizipation aller Betroffenen. Zu letzterem gehört auch die Antizipierung unerwünschter Nebenwirkungen.

Das Interesse an zügigen politischen Entscheidungen ist dabei durchaus verständlich, insbesondere wenn man als Betroffener eine, aufgrund der eigenen Situation, scheinbar endlose Debatte beobachten muss. Umgekehrt wird aber auch kritisiert, dass Politik die Bürger/-innen nicht ausreichend beteiligt, was insbesondere bei dem Streit um den Stuttgarter Hauptbahnhof („Stuttgart 21") der Fall war. Wenn nun „handwerkliche Fehler" in Gesetzen auftreten, die deren Nachbesserung nötig machen, wird dies vielfach als eine Bestätigung für die Unfähigkeit der Politik betrachtet. Damit erscheint neben der hier thematisierten Stammtischparole eine „Partnerstammtischparole": „Die Politik ist nicht nur unfähig, Entscheidungen zu treffen sondern sie macht auch noch handwerkliche Fehler."

Dieses Dilemma zwischen Beteiligung/Fehlervermeidung und Geschwindigkeit lässt sich nicht wirklich auflösen, sondern es ist Aufgabe der Politik zwischen den unterschiedlichen Erwartungen für die jeweilige Situation einen angemessen Weg zu finden (siehe Abbildung).

Werte- und Entwicklungsquadrat:
„In der Politik wird zu viel geredet und zu wenig gehandelt."

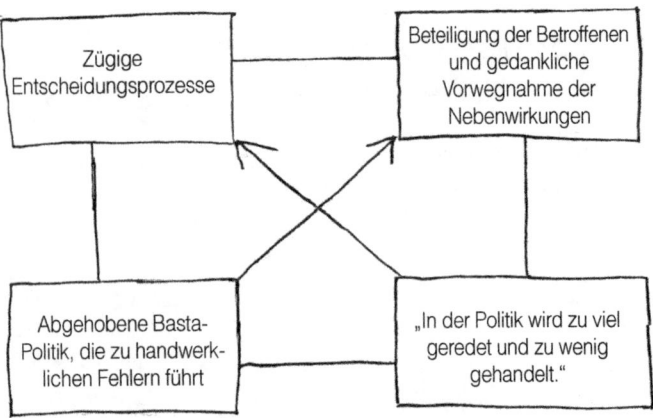

Mit diesem Werte- und Entwicklungsquadrat lässt sich auch ein weit verbreiteter Irrtum ausräumen. Oftmals wird unterstellt, dass derjenige, der die Mehrheit hat, einfach durchregieren könne. Das Problem beim Durchregieren aber ist, dass es bei jeder Mehrheitsentscheidung eine unterlegene Minderheit gibt, die durchaus auch 49 % der Bevölkerung ausmachen kann. Und hier stellt sich dann die Frage, ob es legitim ist, die Interessen einer so großen Gruppe einfach zu übergehen. Unklar ist auch, ob die Politik nicht eher versuchen müsste, eine fairen Interessensausgleich zu organisieren, der nicht einer großen Gruppe eindeutig die Verliererposition zuweist. Die knappe Mehrheitsentscheidung („Basta-Politik") ist in der Politik eher die Ultima Ratio, im Falle, dass es im Vorfeld nicht gelingt, eine Lösung zu finden, welche die Interessen der Minderheit nicht zumindest mit berücksichtigt.

Ebenfalls auf den politischen Prozess bezogen ist die Stammtischparole „Politik wird doch nur von Lobbyisten gemacht."

STAMMTISCHPAROLE

Politik wird doch nur von Lobbyisten gemacht.

Ähnliche Parolen:
Letztlich trifft doch die Wirtschaft die politischen Entscheidungen.

Die Politiker selbst haben doch gar nichts zu sagen.

Kritisiert wird mit dieser Parole der (zu) große Einfluss von Lobbyisten, also von Vereinen, Verbänden oder Organisationen, die explizit nicht das Interesse der Gesamtgesellschaft als primären Fokus haben sondern die spezifische Partikularinteressen vertreten. Und je stärker diese Interessen durch die Politik berührt werden, umso wichtiger ist den Lobbyisten dann auch der Versuch, Einfluss auf die Politik zu nehmen, sei es durch Öffentlichkeitsarbeit oder durch direkte Kontakte zu Politikern. Diese Interessen völlig zu ignorieren und damit relevante Interessengruppen im politischen Prozess bewusst nicht zu berücksichtigen, würde der Politik schnell den Vorwurf einbringen, arrogant, selbstherrlich und beratungsresistent zu sein.

Die Relevanz der Problematik, die mit der Stammtischparole ausgedrückt wird, ist gleichwohl gegeben. Denn Politik, die nicht unabhängig von den Interessen einzelner Gruppen handeln kann, wird auf der einen Seite keinen Interessenausgleich zwischen disparaten Interessen organisieren können und wird auf der anderen Seite zum Spielball besonders einflussreicher und gerne auch jenseits der Öffentlichkeit agierender Interessenträger. Und letzteres ist ein wichtiger Punkt, den die Stammtischparole mit Recht anprangert.

Wird diese Parole in ein Werte- und Entwicklungsquadrat eingebunden (siehe Abbildung), zeigt sich das Spannungsfeld zwischen Unabhängigkeit der Politik auf der einen und Einbindung von Interessenvertretern in die politische Willensbildung auf der anderen Seite. Wobei bei der Einbindung von Interessenvertretern gerade der Plural entscheidend ist: Niemand hat etwas gegen

den Einfluss von Gruppen (Lobbyisten), die eigene Interessen vertreten – hier würde sogar mehr Einfluss ganz gerne gesehen werden. Selbstverständlich ist es aber gerade das Wesen der Demokratie, dass auch denjenigen Interessen Gehör verschafft wird, die eben nicht den eigenen entsprechen.

Werte- und Entwicklungsquadrat:
„Politik wird doch nur von Lobbyisten gemacht."

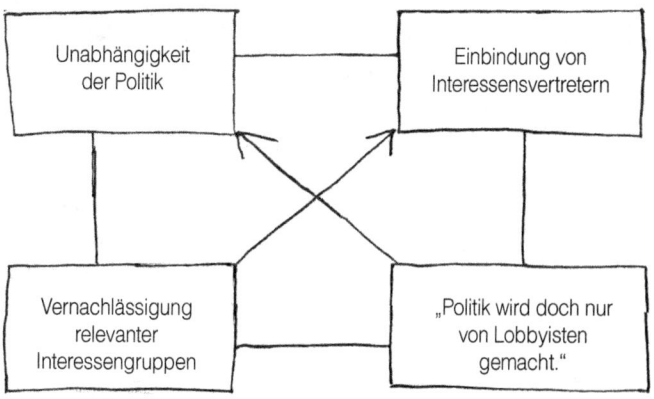

Eng mit dem oft undurchsichtigen Einfluss von Lobbyisten verbunden ist die nächste Stammtischparole: „Politik ist ein schmutziges Geschäft."

STAMMTISCHPAROLE

Politik ist ein schmutziges Geschäft.

Ähnliche Parolen:
*In der Politik wird doch nur um Inhalte und Posten
geschachert.*
*In der Politik wird doch alles hinter
geschlossenen Türen ausgekungelt.*

Was haben das Betreuungsgeld („Herdprämie"), die PKW-Maut
für ausländische Autofahrer, die Rente mit 63 und der Mindest-
lohn miteinander zu tun? Inhaltlich nichts oder nur wenig – politisch viel oder alles: Diese vier inhaltlich sehr unterschiedlichen
politischen Initiativen sind Bestandteil des Koalitionsvertrages der
großen Koalition von 2013, in dem letztlich die beteiligten Parteien, ihnen wichtige Punkte verankern konnten – ohne dass jeweils die Partner inhaltlich davon überzeugt gewesen wären. Und
genau dieses Verhalten ist es, was unter anderem von der Stammtischparole „Politik ist ein schmutziges Geschäft." mit angesprochen wird. Kritisiert wird, dass in der Politik nicht um die „beste"
Lösung gerungen wird, sondern dass ein Kuhhandel stattfindet.
Mit dieser Kritik verbunden ist eine idealistische Vorstellung von
Politik, die man als „herrschaftsfreien Diskurs"[58] oder als deliberative Demokratie[59] bezeichnen kann, also eine Politik, die ausschließlich auf die Kraft des besten Arguments setzt. Die Problematik, die hinter einer Verabsolutierung dieser Orientierung liegt,
ist, dass Politik, die auf diese Weise ihre Entscheidungen zu organisieren versucht, letztlich ihre Handlungsfähigkeit einbüßt und
aufgrund eines damit verbundenen Konsensterrors letztlich auch
undemokratisch wird. An einem plakativen Beispiel illustriert: Bei
einem studentischen Streik an der Universität Gießen im Jahre
2009[60] organisierten die Studierenden ihre internen Entschei-

dungsprozesse dergestalt, dass auch bei der Vollversammlung (mit zum Teil über 1.000 Studierenden) das Konsensprinzip gelten sollte. Dies hatte tage- und vor allem auch nächtelange Endlosdiskussionen zur Folge, was zum einen aufgrund der damit oft verbundenen Positionslosigkeit die Verhandlungsposition der Studierenden in Gesprächen mit der Hochschulleitung schwächte und zum anderen dazu führte, dass beispielsweise Studierende mit kleinen Kindern immer mehr vom Diskurs ausgeschlossen wurden, da sie einfach nicht dauerhaft die entsprechenden zeitlichen Ressourcen aufbringen konnten.

Politik braucht also nicht nur auf der inhaltlichen Ebene eine grundsätzliche Kompromissfähigkeit sondern auch auf der Prozessebene. Beispielsweise in dem ein Ansatz aus der Rechtswissenschaft gewählt wird, der sich in der Formel „Do ut des." ausdrückt: „Ich gebe, damit du gibst."

Die Orientierung an dieser Formel hat schließlich zu dem oben erwähnten Ergebnis des Koalitionsvertrages geführt. Selbstverständlich darf auch diese Formel in der Demokratie nicht absolut gesetzt werden. Aber sie ist ein notwendiger Gegenwert zu einer idealistischen Vorstellung von Demokratie (siehe Abbildung)

Werte- und Entwicklungsquadrat: „Politik ist ein schmutziges Geschäft."

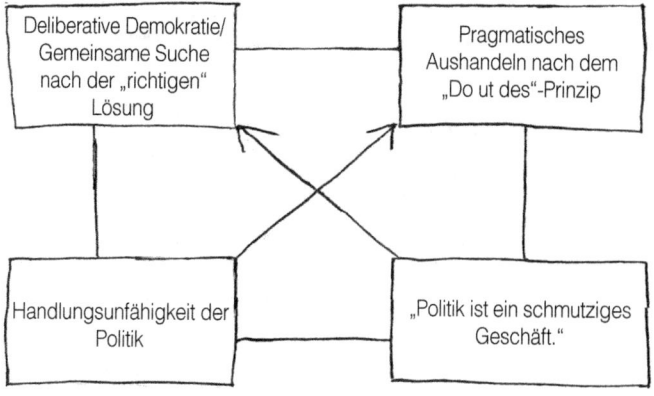

Ganz ähnlich ist die Problematik, wenn es um die Vergabe von Posten geht („Postengeschacher"). Idealtypisch könnte man sich bei der Besetzung von Ministerien eine rein an der Kompetenz der jeweiligen Bewerber orientierte Auswahl vorstellen. Wobei schon die Frage schwierig zu beantworten ist, welche Kompetenzen für eine Stelle besonderen Stellenwert haben (siehe hierzu auch die Stammtischparole „Politiker sind zu ignorant, um Expertenwissen zu nutzen."). Wichtiger ist hier aber die folgende Problematik: Eine politische Führungsaufgabe wird nicht nur durch die Kompetenzen der jeweiligen Person beeinflusst sondern in hohem Maße durch die Prioritäten, welche diese Person setzt. Und diese Prioritäten sind eine wertegebundene politische Entscheidung, weshalb es den Parteien wichtig ist, gerade in den für sie inhaltlich besonders wichtigen Bereichen Politiker zu platzieren, die ihren Wertvorstellungen und Prämissen entsprechen.

Natürlich darf auch diese Orientierung nicht absolut gesetzt werden. Sondern auch hier muss das „Do ut des"-Prinzip ergänzt werden durch die Frage, welche Person von ihren Kompetenzen her geeignet ist, um eine bestimmten Position auszuüben. Aber alleine die Orientierung an den Kompetenzen reicht eben auch nicht.

Ein ganz anderer häufig gehörter Vorwurf an die Politik ist die Stammtischparole, die Politik würde sich doch gar nicht für die Bedürfnisse des Einzelnen interessieren.

STAMMTISCHPAROLE

Die Politik interessiert sich nicht für mich und meine Bedürfnisse.

Ähnliche Parolen:
Die Politik macht Politik über die Köpfe der Menschen hinweg.

Politik ignoriert die Bedürfnisse des „kleinen Mannes".

Es gibt eine Vielzahl von Instrumenten, mit denen die Politikverdrossenheit der Bürger/-innen untersucht wird. In einer schon länger zurückliegenden Jugendstudie[61] wurde der Spieß umgedreht und eine Skala entwickelt, welche die von den Jugendlichen selbst empfundene „Jugendverdrossenheit der Politiker" in den Blick nahm, die sich in Aussagen zeigt wie zum Beispiel: „Die Politiker kümmern sich sowieso nicht um uns."

Dieses Grundgefühl einer Politik, die einen selbst, oder abstrakter, welche die Bedürfnisse des „kleinen Mannes" oder der Bevölkerung insgesamt ignoriert, findet sich in vielen Gesprächen über Politik.

Nicht selten ist diese Parole aber auch das Ergebnis einer frustrierenden Erfahrung mit eigenem Engagement. Gerade Jugendliche, die sich für ihnen wichtige Themen einsetzen, sind schnell enttäuscht, wenn ihr Engagement nicht rasche Veränderungen zur Folge hat.

Die grundlegende Frage hier aber ist, was der Einzelne eigentlich mit Recht von der Politik in einer Demokratie erwarten kann. Zwei Werte, die in einem Spannungsfeld zueinander stehen, erscheinen hier wichtig: Zum einen die Sensibilität für artikulierte Partikularinteressen und zum anderen die Gemeinwohlorientierung, der Blick aufs Ganze (siehe Abbildung). Dass der Einzelne immer wieder das Gefühl hat, die Politik übergehe ihn mit seinen individuellen Bedürfnissen und Interessen, ist also schlichtweg eine zwingende Konsequenz einer demokratischen Entscheidungsfindung, in der eben gerade nicht der Einzelne über grenzenlose Macht verfügt.

Werte- und Entwicklungsquadrat:
„Die Politik interessiert sich nicht für mich und meine Bedürfnisse."

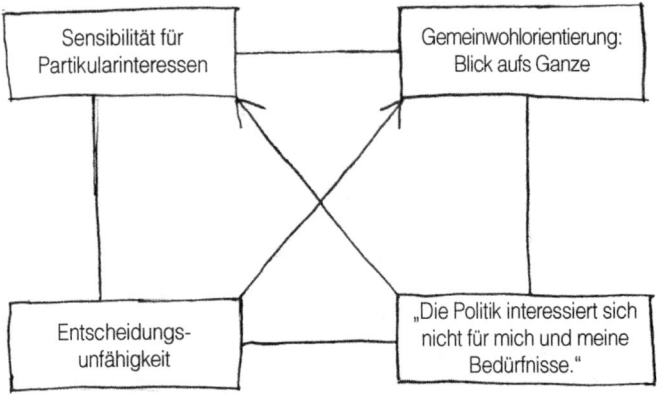

Eine Politik, die versucht, immer alle artikulierten Partikularinteressen direkt umzusetzen, ist letztlich zur Entscheidungsunfähigkeit verdammt, da sich viele Interessen einfach gegenseitig widersprechen. Deshalb ist es gerade der Kern von Politik, bei disparaten Interessen eine Lösung zu finden und handlungsfähig zu bleiben. Der Begriff „Gemeinwohlorientierung" darf aber nicht so verstanden werden, als gebe es die eine „richtige" Lösung für alle. Die Fachdidaktikerin Sibylle Reinhardt bezeichnet dies als „Illusion der Homogenität". Der Begriff „Gemeinwohlorientiert" unterstelle, alle Menschen seien tatsächlich gleich, und hätten deshalb auch gleiche Interessen.[62] Faktisch haben Menschen aber unterschiedliche Biografien, verschiedene Werte und unterscheiden sich in ihren Interessen.

Das ist ein Grund, warum die Annahme, Experten könnten alle politischen Probleme besser als Politiker lösen, nicht zutrifft.

> **STAMMTISCHPAROLE**
>
> *Politiker sind zu ignorant, um Expertenwissen zu nutzen.*
>
> Ähnliche Parolen:
> *Politiker haben doch gar keine Ahnung.*
> *Warum lässt man das Ganze nicht einfach*
> *Experten entscheiden?*

Viele Menschen glauben, die Politik wäre besser, wenn man Experten entscheiden lassen würde. Allerdings stellen sich bei dieser Vorstellung einige Fragen: Wer hat eigentlich die beste Expertise beispielsweise für das Thema Gesundheit? Ein Allgemeinmediziner, eine Fachärztin, ein Pharmazeut, die Leiterin eines großen Krankenhauses, eine Professorin der Gesundheitsökonomie, ein Professor der Gesundheitspsychologie oder jemand, der aufgrund seiner eigenen Krankheitsgeschichte als Betroffener intensive Erfahrungen mit dem Gesundheitssystem gemacht hat? Und wer entscheidet darüber, wer als Experte Entscheidungen treffen soll? Und was passiert, wenn sich die Experten untereinander nicht einig sind? Was im Übrigen bei sehr vielen politischen Themen der Fall ist. Und zwar oftmals sowohl in der Situationsanalyse, in der Zieldefinition als auch bei der Frage nach der richtigen Strategie. An einem Beispiel veranschaulicht: Die seit dem Jahre 2000 regelmäßig durchgeführte Pisa-Bildungsstudie wird von vielen Erziehungswissenschaftlern als wichtiger Beitrag zur Situationsklärung gesehen, andere kritisieren die Studie von der Anlage her grundsätzlich. Es besteht also Uneinigkeit schon bei der Situationsanalyse. Uneinigkeit besteht auch darin, welche Zielsetzung die Ergebnisse der Pisa-Studie nahelegen. Sollten insbesondere die Naturwissenschaften gefördert werden oder sollte der Fokus vor allem auf Schüler aus bildungsfernen Milieus gerichtet sein? Und selbst wenn man sich auf ein Ziel einigen könnte, über den Weg dahin streiten sich auch die Bildungsexperten bis heute.

Expertenwissen absolut zu setzen, würde die Politik in vielen Fällen zur Entscheidungsunfähigkeit verdammen. Insbesondere auch weil Experten das Problem haben, dass sie alleine aus dem was ist, nicht ableiten können, was sein soll: Experten können keine Wertentscheidungen treffen, sie können Politik lediglich dahingehend beraten, welche Konsequenzen bestimmte Entscheidungen möglicherweise haben werden. Die Entscheidung abnehmen können sie Politikern aber nicht.

Demnach befinden sich Politiker in dem Spannungsfeld zwischen der Berücksichtigung von Expertenwissen auf der einen Seite und der Beachtung politischer Handlungsnotwendigkeiten auf der anderen Seite (siehe Abbildung).

Im Übrigen werden Politiker auch dann kritisiert, wenn sie Expertenwissen intensiv nutzen. Sie sehen sich dann oftmals

Werte- und Entwicklungsquadrat:
„Politiker sind zu ignorant, um Expertenwissen zu nutzen."

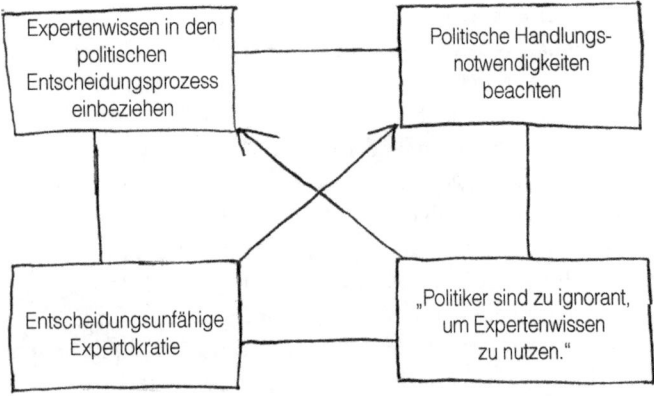

dem Vorwurf ausgesetzt, sie würden alles an Kommissionen delegieren und sich vor Entscheidungen drücken.

In der Hoffnung, Experten könnten die politischen Probleme besser lösen, liegt noch ein weiteres Problem, eine weitere Stammtischparole: „Politiker streiten andauernd."

STAMMTISCHPAROLE

Politiker streiten andauernd.

Ähnliche Parolen:
Politiker gehen feindselig miteinander um.
Politiker hören sich gegenseitig gar nicht richtig zu.
Die Streitkultur zwischen Politikern
ist unsäglich.

Bei der Parole „In der Politik wird zu viel gestritten," gibt es eine Problematik, die der SPD-Vorsitzende Sigmar Gabriel 2010 gut auf den Punkt bringt: „Es gibt die Sehnsucht nach Commonsense in der Politik, es gibt aber auch die Sehnsucht nach Unterscheidbarkeit und Polarisierung."[63] Und, damit zusammenhängend, gibt es den Wunsch nach unterhaltsamem öffentlichem Streit und gleichzeitig Kritik an Politikern, die aus parteitaktischen Motiven heraus oder um sich selbst zu profilieren, den politischen Gegner verächtlich behandeln. In Talkshows sollen Diskussionen kurzweilig sein und letztlich auch die Emotionen der Zuschauer ansprechen, was oft zu Lasten des Niveaus geht. Ein rein sachliches Gespräch würde aber als langweilig empfunden. Demnach sehen Politiker sich oft dazu gezwungen, platt und einfach zu argumentieren und insbesondere beim gegnerischen Politiker entweder unredliche Motive zu unterstellen oder Dilettantismus anzuprangern. Und diese Streitkultur wird ihnen dann wiederum als unsachlich und unseriös vorgeworfen.

Die Problematik zum Umgang mit dem politischen Gegner lässt sich in einem Werte- und Entwicklungsquadrat darstellen, welches auch für den Umgang mit Stammtischparolen (siehe Kapitel 3) relevant ist (siehe Abbildung).

Werte- und Entwicklungsquadrat: „Politiker streiten andauernd."

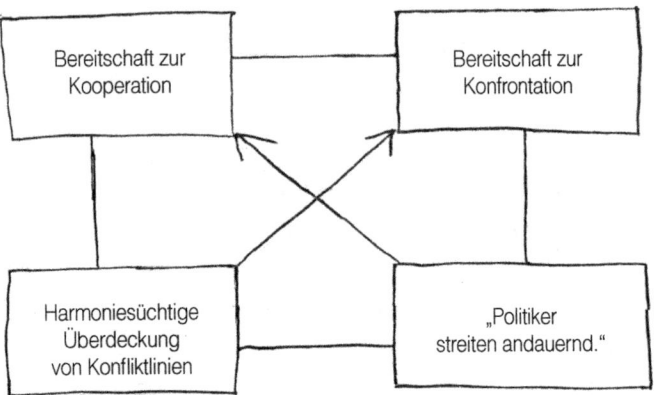

Wer im Spannungsfeld zwischen Kooperation und Konfrontation die Kooperation absolut setzt, landet bei einer harmoniesüchtigen Überdeckung von Konfliktlinien: „Bloß kein Streit!" Wer umgekehrt die Konfrontation ohne kooperative Elemente wählt, landet bei feindseligem Verhalten, was mit der entsprechenden Stammtischparole „Politiker streiten andauernd." führt.

Die mit diesem Spannungsfeld verbundene grundsätzliche Problematik ist, dass Streit, der letztlich zum Wesen der Politik gehört, ausgesprochen negativ konnotiert ist.[64] Der Fachdidaktiker Sutor schreibt pointiert: „Der brave Bürger mag keinen Streit. Weil aber in der Politik ständig gestritten wird, mag er eben diese nicht."[65]

Konflikte werden oftmals mit zwei Kriterien charakterisiert: Zum einen stoßen widerstreitende Handlungstendenzen aufeinander (lateinisch conflictus = Zusammenstoß) und zum ande-

ren erzeugt die Unvereinbarkeit beziehungsweise wechselseitige Behinderung der Handlungstendenzen eine kritische Spannung, welche die Beziehung der Konfliktparteien belastet.[66] Aufgabe der Politik ist es bei politischen Konflikten Lösungen zu finden, die versuchen den widerstreitenden Handlungstendenzen so weit wie möglich gerecht zu werden und die Beziehung zwischen den Konfliktparteien nicht nachhaltig zu schädigen. Oftmals steht am Ende eines solchen Prozesses ein Kompromiss, der dann von allen Seiten kritisiert wird, da keiner seine Interessen absolut umsetzen konnte. Der Eindruck, der dadurch vermittelt wird, ist für das Image der Politik entsprechend fatal: Erst streiten die Politiker ewig und dann gibt es eine Lösung, mit der keiner zufrieden ist. Von Wertschätzung gegenüber dem mühseligen Ringen nach einer für alle zumindest akzeptablen Lösung und von der Erkenntnis, dass ja nicht alle nur etwas unzufrieden sein müssen, sondern eben auch etwas zufrieden sein können, ist oftmals gerade in der medialen Berichterstattung keine Rede.

Bemerkenswerterweise wird aber auch die Rolle der Medien häufig scharf kritisiert.

Gerhard Schröder erklärte zu Beginn seiner ersten Amtszeit als Bundeskanzler: „Zum Regieren brauche ich BILD, BamS und Glotze."[67] Mit dieser Aussage lässt sich das Spannungsfeld zwischen Politik auf der einen und Medien auf der anderen Seite gut verdeutlichen. In der Aussage steckt sowohl die Nutzung der Medien durch die Politik als auch die Abhängigkeit der Politik von den Medien. Auf der einen Seite kann man, so Schröder, mit BILD, BamS und Glotze die Bürger/-innen über seine Politik informieren und für seine Politik gewinnen, BILD, BamS und Glotze müssen auf der anderen Seite aber auch die Politik gutheißen, damit diese erfolgreich umgesetzt werden kann. Gefälligkeitsjournalismus ist allerdings weder die Aufgabe von BILD, BamS und Glotze noch von allen anderen Medien, die ihre Rolle ja eher als kritischer Begleiter von politischen Prozessen und Entscheidungen sehen und auch sehen müssen: Eine Demokratie ist mit Medien, die sich auf Hofberichterstattung beschränken, schlichtweg nicht möglich.

Werte- und Entwicklungsquadrat:
„Die wahre Macht im Staat liegt bei den Medien."

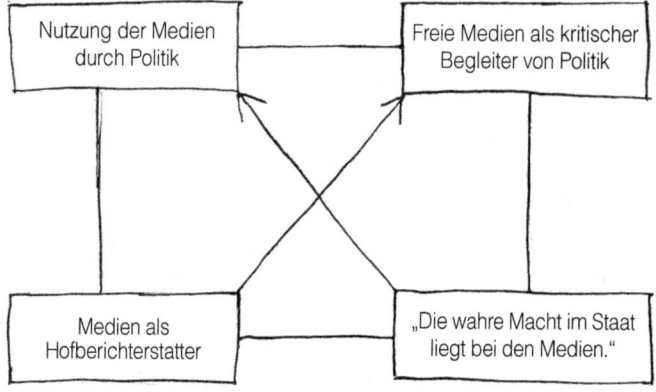

| Nutzung der Medien durch Politik | Freie Medien als kritischer Begleiter von Politik |
| Medien als Hofberichterstatter | „Die wahre Macht im Staat liegt bei den Medien." |

Damit nun aber wiederum die Medien nicht zur wahren Macht im Staate werden, versuchen Poliker/innen die Medien für ihre Zwecke zu instrumentalisieren. Die Politik weiß um die nicht nur vom Streben nach Informationsgewinn geprägte Medienwelt, es geht natürlich auch um ökonomische Interessen und um Aufmerksamkeit. Deshalb versucht sich Politik für die Medien so zu inszenieren, dass man die eigenen Ziele bestmöglich erreichen kann. Manche Journalisten wiederum bemühen sich, genau diese Strategie zu durchkreuzen, indem sie die politische Berichterstattung darauf fokussieren. Politische Journalisten – gerade auch von Qualitätsmedien – schreiben viel über die Kommunikationsstrategien von Politikern („Wahlkampfrhetorik", „innerparteiliche Profilierung", „Ablenkungsmanöver" etc.). Dagegen ist nicht grundsätzlich etwas einzuwenden. Problematisch ist allerdings, dass im Kontext dieser Beiträge Politikern primär niedere Beweggründe unterstellt werden und die Journalisten sich gemeinsam mit den interessierten Lesern über dieses kleingeistige politische Handeln echauffieren können. Darüber hin-

aus ist es nur wenig informativ, wenn der Schwerpunkt der politischen Berichterstattung sozusagen auf einer kommunikativen Metaebene liegt. Niveau kommt so jedenfalls nur begrenzt in den öffentlichen Diskurs.

Interessant ist auch die Frage, wie mächtig die Medien tatsächlich sind, oder ob sie sich nicht getrieben von den Interessen und Bedürfnissen der Mediennutzer mehr als reagierend denn als agierend empfinden. Wie ist beispielsweise die Situation für Zeitungsredakteure? Gegen die Stimmung in der Bevölkerung (bzw. der eigenen Leserschaft) anzuschreiben ist für Journalisten auf Dauer keine gute Strategie. Und wem es nicht gelingt, sachliche Informationen so darzubieten, dass sie gerne gelesen werden, wird seinen Job nicht lange behalten. Eine Folge davon ist, dass die Verpackung einer Geschichte oft weit wichtiger als der Inhalt ist, was gewiss kein guter Rahmen für inhaltlich vertiefende Analysen ist.

Wolfgang Molitor, stellvertretender Chefredakteur der Stuttgarter Nachrichten thematisiert diese Problematik aus Sicht der Medien selbst: „Die Frage heißt ... nicht mehr: Was ist wichtig? Vielmehr wird gefragt: Womit könnten wir auf Interesse stoßen? Was der Sache selten dient, sondern lediglich den Leser bedient."[68] Und selbstkritisch fügt er an: „Im Überschriften-Deutsch besteht die Suche nach Ergebnissen und Kompromissen aus wenigen Wörtern: ‚Streit‘, ‚gespalten‘, ‚Kritik an …‘, ‚tiefe Risse‘. Das sind Wörter der Unfähigkeit, die Probleme erhöhen und das komplizierte Ringen um Lösungen ins Reich der Langeweile verbannen."[69] Und der Journalist Giovanni di Lorenzo weist darauf hin, dass Medien „durch eine permanente Skandalisierung des politischen Lebens" Gefahr laufen, ihr „Relevanzversprechen" zu brechen.[70]

Skandalisierung bezieht sich dabei insbesondere auf Politiker/-innen, über die weit häufiger kritisch als wertschätzend berichtet wird, nicht zuletzt auch deshalb, da dies den Erwartungen der meisten Bürger/-innen entspricht, die in der Regel kein gutes Bild von den politischen Akteuren haben.

2.3 Stammtischparolen über Akteure

In Deutschland gibt es, wie schon ausgeführt, keine Berufsgruppe, der die Deutschen weniger Vertrauen entgegen bringen als den Politikern.

Stammtischparolen, die sich auf Politiker beziehen, gibt es unzählige.[71] Sehr verbreitet ist insbesondere die Parole „Politiker halten nie, was sie versprechen."

STAMMTISCHPAROLE

Politiker halten nie, was sie versprechen.

Ähnliche Parolen:
Politiker lügen doch alle.
Politikern kann man nicht vertrauen.

In der Tat gibt es viele Bespiele für eine große Diskrepanz zwischen dem, was Politiker im Wahlkampf „versprochen" haben, und dem, was sie in der Regierungsverantwortung umsetzen. Bemerkenswert ist allerdings, dass der Wähler üblicherweise Ehrlichkeit im Wahlkampf *nicht* belohnt. So wurde es nicht honoriert, als der damalige SPD-Kanzlerkandidat Oskar Lafontaine 1990 im ersten gesamtdeutschen Bundestagswahlkampf ankündigte, die Wiedervereinigung sei ohne Steuererhöhung nicht zu schultern. Wiedergewählt wurde Kanzler Helmut Kohl, der erklärte, man würde dies problemlos ohne neue Steuern schaffen können (seither gibt es den Solidaritätszuschlag). Ähnlich erging es Angela Merkel im Bundestagswahlkampf 2005, als sie für den Fall ihrer Wahl eine Mehrwertsteuererhöhung von 2 % ankündigte. Die SPD schloss damals eine Steuererhöhung kategorisch aus und konnte in einem nicht mehr erwarteten Endspurt zumindest bis auf ein Prozent an die Union herankommen und diese in eine große Koalition zwingen. Diese große Koalition erhöhte die Mehrwertsteuer dann übrigens um 3 %.

Auch die Grünen sind inzwischen ernüchtert: Noch im Bundestagswahlkampf 2013 traten sie mit der Ankündigung an, sie würden die Steuern erhöhen. Nach dem für die Grünen enttäuschenden Wahlergebnis kommentierte der Spitzenkandidat Jürgen Trittin lakonisch: „Wir haben unsere Wähler überschätzt.“[72]

Altkanzler Helmut Schmidt antwortete entsprechend auf die Frage, ob Politiker denn nicht langfristig davon profitieren würden, wenn sie die Wahrheit sagten: „Die Frage ist, wie lang ist langfristig? Es mag sich nach vielen Jahren oder gar Jahrzehnten auszahlen, wenn ein Politiker oder eine Partei immer ehrlich gewesen ist. In der konkreten Situation eines Wahlkampfs kann die Wahrheit dem Erfolg aber im Weg stehen.“[73]

Politiker verhalten sich also durchaus pragmatisch, wenn sie es mit der Ehrlichkeit nicht übertreiben. Denn nur als ehrlich wahrgenommen zu werden aber dafür nicht gewählt zu werden, ist für Politiker/-innen keine gute Alternative, zumal sie möglicherweise ihren Beruf „Politiker“ dann nicht mehr ausüben können. Diese Wechselwirkung zwischen Bürger/-innen und Politiker/-innen bringt die ehemalige Bundesministerin Andrea Fischer sehr schön auf den Punkt: „Wenn die Bürger Ehrlichkeit nicht honorieren, dann kriegen sie die feigen Politiker, die sie verdienen."[74]

Das Spannungsfeld, in dem sich Politiker/-innen hier befinden, ist, dass von ihnen sowohl pointierte Wahlversprechen erwartet werden, als auch ein Einhalten der Wahlversprechen, was leichter geht, wenn die Wahlversprechen weicher, kompromissoffener formuliert worden sind („Werden uns bemühen …"). Bemerkenswert ist auch hier wieder, dass *beide* Werte in ihrer entwertenden Übertreibung Stammtischparolen zur Folge haben (siehe Abbildung).

Werte- und Entwicklungsquadrat:
„Politiker halten nie, was sie versprechen."

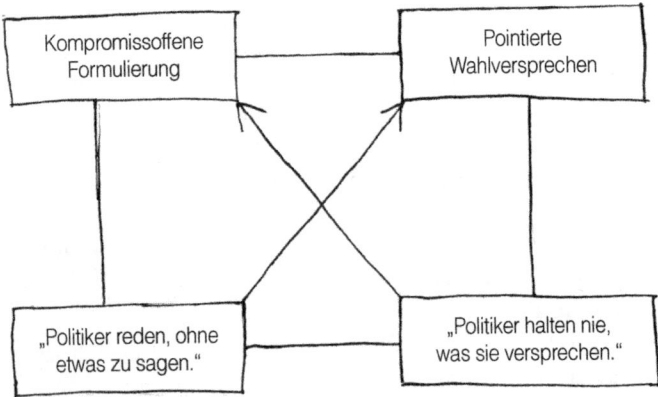

Die Stammtischparole „Politiker reden, ohne etwas zu sagen." wird auch häufig geäußert, wenn Politiker nach der Wahl oder während laufender Verhandlungen interviewt werden. In beiden Situationen reihen sich in der Tat oftmals Phrase an Phrase, so nach Wahlen („Wir danken unseren Wählern." „Wir haben unser Programm nicht ausreichend kommuniziert." „Wir werden das in den Gremien diskutieren.") oder während laufender Verhandlungen („Es war eine konstruktive Gesprächsatmosphäre." „Es gibt das Bemühen, eine Einigung herbeizuführen." „Wir sind auf einem guten Weg.") Der Sinn derartiger Phrasen liegt in der Tat darin, nichts zu sagen, um die eigene Partei, die auch mitreden möchte, nicht zu übergehen, oder um bei einer Verhandlung nicht von Vornherein die eigene Position zu schwächen, indem man seine Knackpunkte voreilig preisgibt. Oftmals gibt es auch einfach noch nichts wirklich Neues zu berichten, und dennoch erwartet die Öffentlichkeit eine Aussage über das Thema.

Auch in einer anderen Situation sind Politiker häufig gezwungen, sich auf inhaltsleere Aussagen zu beschränken. Mit der Bankenkrise von 2008 lässt sich dies illustrieren. Hätte damals die politische Spitze offen gesagt, wie kritisch die Situation ist, wäre die Lage umgehend noch kritischer geworden, als sie es ohnehin schon war. Also versuchte die Politik zu beruhigen, forderte auch die Medien zur Mäßigung auf und erklärte in einem äußerst ungewöhnlichen Schritt, dass der Bund für die Bankeinlagen der Bürgerinnen und Bürger einstehe. Wissend um die Macht einer sich selbst erfüllenden Prophezeiung (self-fulfilling prohecy) ist die Politik oftmals gezwungen, sich optimistischer zu geben, als sie es in Wirklichkeit ist.

Sehr weit verbreitet ist auch die Parole, dass Politiker viel zu weit weg vom normalen Bürger seien.

STAMMTISCHPAROLE

Politiker sind viel zu weit weg vom normalen Bürger.

Ähnliche Parolen:
Politiker sind abgehoben.
Politiker leben in einem Paralleluniversum.

Politiker sind meist sehr bemüht, dem Eindruck entgegen zu wirken, sie seien abgehoben. Sie nehmen unzählige Einladungen zu Veranstaltungen an, um dort kurz ein Grußwort zu sprechen oder auf einem Podium Platz zu nehmen. Dort schalten sie dann allerdings in den „Autopilot", wie es ein bayerischer Landrat nach seiner fünften Veranstaltung an einem Tag mal formulierte.[75] Diesem Landrat war bewusst, dass dies keine wirkliche Begegnung mit den Bürgerinnen und Bürgern ist, doch er sieht keine andere Möglichkeit. Beliebt ist der Politiker, der viel Bürgernähe zeigt (bzw. simuliert), also derjenige, der jede Mail persönlich beantwortet und überall den Grußwortonkel spielt. Wäre aber nicht derjenige bürgernäher, der bewusst auch ein privates Leben jenseits der Politik führt und dafür möglicherweise in Bezug auf (inszenierte) Bürgernähe Abstriche machen muss? Die Erwartung an Politiker/-innen, dass sie ständig Präsenz zu zeigen haben, führt oft dazu, dass viele Politiker/-innen weiter weg von einem realen Leben sind, als sie es wären, wenn sie sich auch ihrer Familie widmen könnten. Und würde nicht ein Politiker, der auch ein normales Privatleben führt, weniger abgehoben sein? Ein Politiker aber, der ein eigenes Familienleben haben möchte und seinen Freundeskreis pflegt, geht das Risiko ein, als bürgerfern und abgehoben eingestuft zu werden. Dabei tragen gerade die eigenen sozialen Kontakte dazu bei, dass Politiker/-innen sich nicht völlig in ihrer Rolle verlieren.

Politiker, denen die Balance zwischen bewussten Bürgerkontakten und bewussten Auszeiten nicht gelingt, rutschen in die Problematik der Abgehobenheit rein – und zwar unabhängig davon, ob sie es mit der inszenierten Bürgernähe oder mit den Auszeiten von der Politik übertreiben, etwas, was durchaus eine tragische Komik besitzt (siehe Abbildung).

Werte- und Entwicklungsquadrat:
„Politiker sind viel zu weit weg vom normalen Bürger."

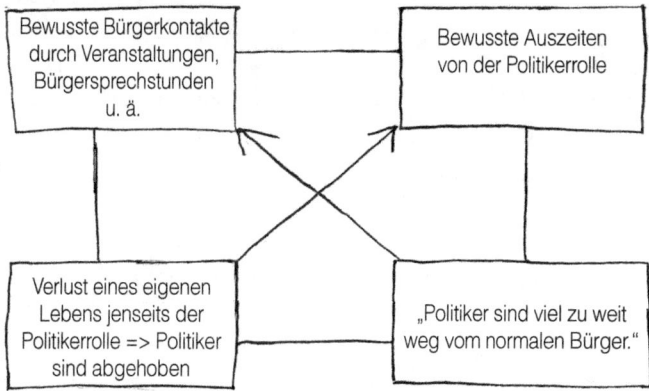

In der Stammtischparole „Politiker sind viel zu weit weg vom normalen Bürger." steckt aber noch mehr; es geht nämlich um die Frage, wer für den Abstand zwischen Bürgern und Politikern verantwortlich ist. Und hier kann man eine bemerkenswerte Wechselwirkung feststellen, zwischen Politiker/-innen, die auf Distanz gehen *und* zwischen Bürger/-innen, die den Abstand vergrößern. Zu letzterem: Die Mitgliederentwicklung der letzten 20 Jahre in den deutschen Parteien ist nach den Ergebnissen des Politikwissenschaftlers Niedermayer alarmierend. Zwischen 1990 und 2013 sank die Zahl der Parteimitglieder um über eine Million von 2,4 auf unter 1,3 Millionen.[76] Dabei sind gerade Parteien der Ort, an dem Politiker und Bürger direkt ins Gespräch kommen können, wo politische Entscheidungen hinterfragt und begründet werden und wo interessierte Bürgerinnen und Bürger „ihre" Politiker direkt beim „laut denken" erleben können. Wird dieses Angebot nicht genutzt, verkümmern Parteien immer mehr zu kleinen Zirkeln mit einer starken Tendenz zur Oligarchisierung. Und der dadurch größer werdende Abstand zu Bürgern ohne Parteibuch wird von den Politikern dann nochmals vergrößert, da sie sich in der Öffentlichkeit sehr stark in ihrer Rolle inszenieren und die tatsächliche spannende und konfliktreiche Suche nach guten Lösungen auf ihre Parteigliederungen beschränken. Der FDP-Politiker Wolfgang Kubicki beschreibt dies so: „Ich lerne nicht mehr laut zu denken. Aber das nervt mich, weil ich das weder als Anwalt noch als Mensch gewohnt bin. Immer soll man nur in kleinen geheimen Zirkeln denken und reden. Das Problem von kleinen Zirkeln ist doch: Man denkt da drin auch begrenzt."[77]

STAMMTISCHPAROLE

Politikern geht es nur um Macht.

Ähnliche Parolen:
Die sind doch alle nur machtgeil.
Denen geht es doch gar nicht um die Sache.

Dass Politiker nach Macht streben ist eine Tautologie, ein weißer Schimmel. Und ein Politiker der äußern würde, dass er keine Macht möchte, also gar kein Interesse daran hat, die Gesellschaft nach seinen Vorstellungen zu beeinflussen, sollte vielleicht doch besser einen anderen Beruf wählen – beziehungsweise müsste er dies nach der Wahl wahrscheinlich ohnehin tun. Problematisch ist also nicht, dass Poliker/innen nach Macht streben sondern dass die Gefahr besteht, dass das Machtstreben im Zentrum steht und nicht mehr Mittel zum Zweck ist. Im Streben nach Macht wiederum ist die Orientierung an der reinen Lehre problematisch, eine Problematik auf die schon Max Weber[78] hinweist. Weber unterscheidet zwischen verantwortungsethisch und gesinnungsethisch handelnden Politikern. Er war der Auffassung, dass der Verantwortungsethiker derjenige ist, der sein Handeln darauf ausrichtet, dass das Ergebnis von Politik die bestmögliche Entwicklung des Staates für alle ist. Ein Gesinnungsethiker hingegen denkt primär an seine Ideale, verliert dabei aber zuweilen den Blick auf die Realität und ignoriert beispielsweise die Konsequenzen seiner kompromisslosen Haltung. Der Verantwortungsethiker wäre also bereit, einem Kompromiss zuzustimmen, der es ihm ermöglicht, zumindest Teile seiner Vorstellung umzusetzen während der Gesinnungsethiker dies als Verrat empfinden würde und deshalb oftmals gar nichts von seinen Vorstellungen umsetzen kann (siehe Abbildung).

Werte- und Entwicklungsquadrat: „Politikern geht es nur um Macht."

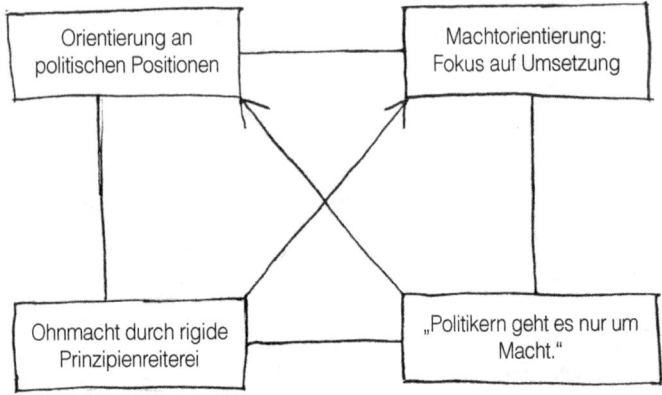

Wichtig ist hier noch ein anderer Gedanke: Unstrittig ist aus der psychologischen Beschäftigung mit Macht, dass es Menschen gibt, die sich von Macht besonders angezogen fühlen und die sich voller Eitelkeit an dem Gefühl von Macht berauschen. Dies gilt insbesondere für narzisstische Persönlichkeiten. Kritisch bei diesen ist, dass Machtstreben und Machterhalt primär ein Bedürfnis nach Anerkennung befriedigen sollen. Zwar ist, um Max Weber erneut zu zitieren „Eitelkeit" durchaus eine Berufskrankheit von Politikern, Machtmissbrauch beginnt aber da, „wo dieses Machtstreben unsachlich und ein Gegenstand rein persönlicher Selbstberauschung wird, anstatt ausschließlich in den Dienst der ‚Sache' zu treten."[79] Problematisch ist jedoch, dass Macht auch für denjenigen, der anfangs voller idealistischer Motive ist, negative Veränderungen zur Folge haben kann. So beinhaltet Macht die Versuchung, weniger auf andere hören zu müssen, sich weniger mit ihnen auseinandersetzen zu müssen und andere Interessen einfach ignorieren zu können. Und dies ist der Grund warum für Parteien in der Tat eine Tendenz zur Oligarchisierung besteht, was nur durch eine starke Verankerung von Parteien in der Bürgergesellschaft verhindert werden kann. Also gerade weil politische Macht eine Versuchung mit problematischen Konsequenzen sein kann, ist es notwendig, diese zu kontrollieren.

STAMMTISCHPAROLE

Politiker sind doch immun gegen Kritik.

Partnerstammtischparole:
Politiker hängen ihr Fähnchen in jeden Wind.

Am Beispiel der Stammtischparole „Politiker sind doch immun gegen Kritik." und der korrespondierenden Partnerstammtischparole „Politiker hängen ihr Fähnchen in jeden Wind." lässt sich zeigen, dass, je nach Blickwinkel, Politiker nichts richtig machen können. Unabhängig davon, wie sie sich verhalten, sie werden immer kritisiert. Bleiben sie ihrer Meinung treu, sind sie stur, beratungsresistent und immun gegen Kritik. Ändern sie ihre Meinung, gelten sie als populistisch, anbiedernd oder als Fähnchen im Wind. Das dazugehörige Werte- und Entwicklungsquadrat (siehe Abbildung) zeigt dann auch das Spannungsfeld, in dem sich Politiker tatsächlich befinden: Zwischen Offenheit für Kritik und Bereitschaft zur Korrektur auf der einen Seite und Kurs halten/Standpunkt behaupten auf der anderen Seite.

Werte- und Entwicklungsquadrat: „Politiker sind doch immun gegen Kritik."

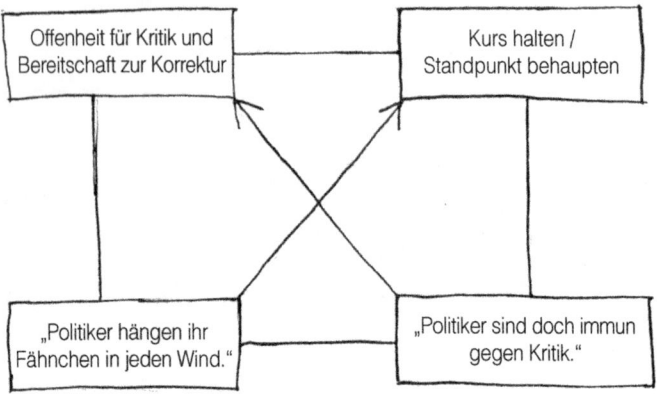

STAMMTISCHPAROLE

*Die Diäten und die Altersversorgung für Politiker
sind viel zu hoch.*

Ähnliche Parolen:
*Alle müssen sparen – nur die Politiker nicht.
Politiker bereichern sich selbst.*

Wenige Themen sind emotional so aufgeladen wie die Frage der
Höhe der Politikerbesoldung oder der Altersversorgung von Politikern. Kritisiert wird dies zum einen deshalb, da es natürlich
öffentliche Gelder, also letztlich Gelder des Steuerzahlers sind,
die hier ausgegeben werden. Zum anderen wird aber auch problematisiert, dass Politiker dadurch zu sehr abheben und zu weit
weg sind von den Nöten und Sorgen der Normalverdiener. Bemerkenswert ist natürlich, dass in unserer Gesellschaft weit über-
durchschnittliche Gehälter nicht grundsätzlich kritisiert werden:

Bei Ärzten oder bei Sportlern beispielsweise wird deren besondere Leistung auch in der Hinsicht gewürdigt, dass eine besondere Entlohnung als angemessen wahrgenommen wird. Doch warum wird dies bei Politikern nicht so gesehen? Was unterscheidet die Erwartungen an Politiker beispielsweise von denen an gute Ärzte? Vielleicht ist der springende Punkt der, dass man bei Ärzten damit zufrieden ist, wenn sie ihr Handwerk gut verstehen. Bei Politikern ist der Anspruch höher, man möchte Politiker, die nicht nur fähig sind, sondern die letztlich nicht nur davon geleitet werden, viel zu verdienen oder ihren Job gut zu machen, sondern die auch eine idealistische Motivation haben. Und dies ganz einfach deshalb, da es kaum einen anderen Beruf gibt, in dem die Orientierung am Gemeinwohl für die Gesellschaft von derart zentraler Bedeutung ist. Damit ist nicht Altruismus gemeint, der in einer Vielzahl helfender Berufe wichtig ist, sondern die Fähigkeit von eigenen, beispielsweise ökonomischen oder wahlstrategischen Motiven abzulassen, wenn es für die Gesamtgesellschaft wichtig ist.

Gleichwohl würde es zwei zentrale Probleme mit sich bringen, wenn wir von den Politiker/-innen erwarten würden, dass sie aus

Idealismus auf Gehalt oder Alterssicherung verzichten. Erstens wäre eine Konsequenz, dass aufgrund des fehlenden Vermögens die meisten sich den Beruf des Politikers nicht leisten könnten. Demnach könnte man diesen Beruf erst anstreben, wenn man auf kein Einkommen durch die Politik angewiesen wäre. Und zweitens wäre die Wahrscheinlichkeit höher, dass Politiker/-innen sich kaufen lassen, vor allem dann, wenn sie den Eindruck haben, dass ihr ehrenamtlicher Einsatz nicht genügend gewürdigt wird. Um diese Probleme zu vermeiden, ist eine angemessene ökonomische Absicherung von Politiker/-innen im Interesse der Demokratie (siehe Abbildung).

Sehr eng verbunden mit der Kritik an Politikern ist auch die Kritik an Parteien. Diese können ebenfalls als Akteur bezeichnet werden; ein Akteur, der vielen missfällt.

Werte- und Entwicklungsquadrat:
„Die Diäten und die Altersversorgung für Politiker sind viel zu hoch."

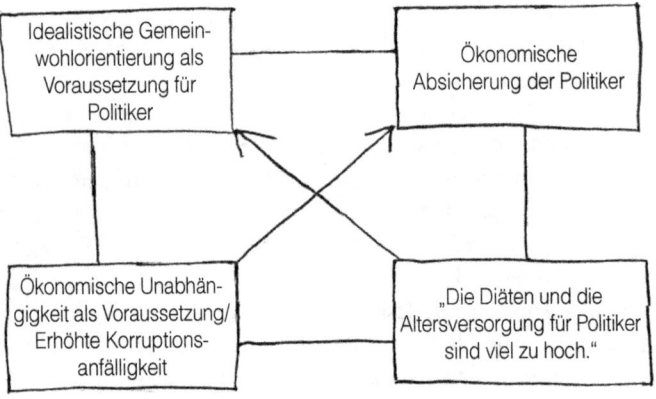

Idealistische Gemeinwohlorientierung als Voraussetzung für Politiker

Ökonomische Absicherung der Politiker

Ökonomische Unabhängigkeit als Voraussetzung/ Erhöhte Korruptionsanfälligkeit

„Die Diäten und die Altersversorgung für Politiker sind viel zu hoch."

STAMMTISCHPAROLE

Der Parteiklüngel gehört abgeschafft.

Ähnliche Parolen:
Parteien sind für die Demokratie schädlich.
Diese parteitaktischen Spielchen
widern mich an.

In einem Leserbrief unter der Überschrift „Wenn ich Kanzler/ Kanzlerin wäre" schreibt eine 57jährige Selbstständige aus Leonberg:

> *„Meine erste Amtshandlung wäre die Abschaffung des Parteiklüngels. Meine Mitarbeiter, also alle gewählten Volksvertreter, würden völlig parteifrei und nur zum Wohle und Nutzen des Volkes arbeiten. Zugehörigkeiten zu Parteien oder sonstigen Vereinen – auch Glaubensgemeinschaften – würden keine Rolle spielen. Es gäbe keine Linken oder Rechten, keine Opposition – alle hätten die gleichen Rechte und Pflichten und wären zusammen regierungsfähig."* [80]

Die Ablehnung gegenüber Parteien eint Menschen der unterschiedlichsten politischen Richtungen, individuelles Engagement in Parteien erscheint vielen Bürgern immer mehr wie „ein leicht perverses Hobby"[81] und tatsächlich laufen den Parteien die Mitglieder weg: Wie bereits erwähnt sank zwischen 1990 und 2010 die Zahl der Parteimitglieder um über eine Million von 2,4 auf unter 1,3 Millionen. Wir befinden uns hier in einem Teufelskreis: Je weniger Menschen sich in Parteien engagieren, umso unbekannter und fremder werden Parteien den Bürger/-innen und – der Kreis schließt sich, umso geringer ist die Bereitschaft, sich in einer Partei zu engagieren.

Doch was ist der Grund, warum Parteien abgelehnt werden? Häufig zu hören ist die Begründung, man könne sich mit keiner Partei hundertprozentig identifizieren. Zustimmen würden dieser Aussage wahrscheinlich auch Angela Merkel, Sigmar Gabriel und auch die anderen Spitzenpolitiker der aktuell im Bundestag vertretenen Parteien. Alle haben schon parteiinterne Niederlagen in inhaltlichen Fragen erlitten und engagieren sich dennoch für „ihre" Partei. Einfach deshalb, da sowohl Parteien als auch das Leben allgemein niemals perfekt sind. Jeder trifft ständig Entscheidungen, mit denen man sich nicht hundertprozentig identifiziert, sei es beim Fernsehprogramm oder sei es beim Urlaubsort. Warum also ist es so schwer, sich zu einer Partei zu bekennen? Wahrscheinlich liegt eine Sorge darin, dass man seine Individualität verlieren könnte, zum Parteisoldaten werden würde und dass man sich in seinem Umfeld ständig für „seine Partei" rechtfertigen müsste.

Der Grund für die Ablehnung berührt noch eine andere Problematik: In der Politik gibt es wenige Begriffe die ähnlich positiv konnotiert sind wie „überparteilich". Überparteilichkeit suggeriert, dass hier eine Lösung jenseits von Parteiinteressen gefunden wurde, maßgeblich war Expertenwissen oder der gesunde Menschenverstand. Damit verbunden ist die bereits ausgeführte Wunschvorstellung einer harmonisierenden Politik, in der Sa-

chargumente den politischen Streit beenden. Eine Wunschvorstellung die fälschlicherweise unterstellt, alle Menschen hätten
die gleichen Interessen und Bedürfnisse. Die meisten Politikwissenschaftler gehen deshalb davon aus, dass demokratische Politik
ohne Parteien kaum vorstellbar sei: Denn wer, wenn nicht die
Parteien, kümmert sich um mehr als um Partikularinteressen,
wer vertritt die Interessen derjenigen, die dazu nicht oder nur
eingeschränkt in der Lage sind? Und wo in der Welt gibt es eine
stabile Demokratie in der politischer Streit nicht durch Parteien
strukturiert wird?[82]

Nochmals zurück zu dem Teufelskreis. Was folgt daraus, wenn
den Parteien die Mitglieder weglaufen? Dadurch wird in den
Parteien eine Tendenz zur Herrschaft weniger, also zur Oligarchie verstärkt, etwas, was in der Politikwissenschaft als „Ehernes
Gesetz der Oligarchie" bereits seit über 100 Jahren diskutiert
wird.[83] Diese, von Robert Michels formulierte Theorie geht davon aus, dass größere Gruppen zwangsläufig eine bürokratische
Struktur entwickeln müssen, um effektiv handeln zu können.
Diese Struktur wird dann von Leuten verwaltet, die aufgrund
ihres Amtes mehr Entscheidungen treffen als die anderen. Daher
bilde sich, so Michels, innerhalb dieser Bürokratie mit der Zeit
eine Machtelite aus, die aufgrund ihrer auf zunehmender Erfahrung basierenden Kompetenz immer mehr von der eigenen Un-
ersetzbarkeit und Unfehlbarkeit überzeugt ist. Die Herausbil-
dung einer Oligarchie sei deshalb Organisationen allgemein und
damit auch Parteien inhärent: „Wer Organisation sagt, sagt *Tendenz zur Oligarchie*."[84] An diesem Punkt setzen auch die popu-
lären und zum Teil populistischen Schriften des Parteienkritikers
Hans Herbert von Arnim an. Eine Auswahl seiner Publikatio-
nen: „Fetter Bauch regiert nicht gern: Die politische Klasse –
selbstbezogen und abgehoben", „Die Deutschlandakte: Was
Politiker und Wirtschaftsbosse unserem Land antun" oder „Der
Staat als Beute: wie Politiker in eigener Sache Gesetze machen".
Derartigen Oligarchisierungstendenzen kann man möglicherweise zum Teil durch strukturelle Änderungen begegnen, wie sie

von Arnim vorschlägt. Wichtiger ist aber, dass kritische Bürger in und außerhalb von Parteien immer wieder aufs Neue ihr Recht auf Beteiligung einfordern – nicht larmoyant und verächtlich sondern selbstbewusst und mit guten Argumenten. Denn gerade die Verankerung der Parteien in der Bürgerschaft bzw. die Verzahnung von Bürgern und Parteien ist es, die diese Oligarchisierung ebenso verhindern, wie auch die Entwicklung hin zu einer Gesellschaft in der nur die lautstarken Interessensgruppen gehört werden (siehe Abbildung).

Werte- und Entwicklungsquadrat: „Der Parteiklüngel gehört abgeschafft."

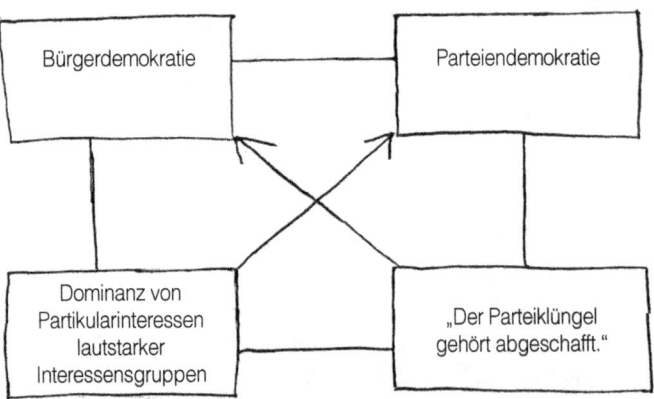

2.4 Stammtischparolen über Institutionen

Die Institution die sowohl in einer Demokratie besonders wichtig aber in unserem Land auch besonders unbeliebt ist, ist der Bundestag. Politikwissenschaftler/-innen befassen sich mit diesem Phänomen schon seit längerem und weisen auf eine Diskrepanz zwischen normativen Erwartungen und der institutionellen Realität hin. Der Politikwissenschaftler Helmar Schöne weist auf die Konsequenz dieser Diskrepanz hin: „Indem die anhand antiquierter Vorstellungen gebildeten Urteile über unsere politischen Institutionen in der Alltagskommunikation vieltausendfach vermittelt werden, tragen sie zur Vertrauenskrise bei, die sich in den Daten der Umfrageforscher zeigt."[85]

Diese Diskrepanz lässt sich an einem Beispiel aufzeigen: Als der Bundestag im Sommer 2012 über die Neufassung des Meldegesetzes abstimmte, war nur eine Handvoll Abgeordneter zugegen, die ihre vorbereiteten Reden nicht erst hielten, sondern zu Protokoll gaben. Nach 57 Sekunden erfolgte die Abstimmung und ein über die sozialen Netzwerke verbreiteter Skandal war in der Welt. Stellvertretend für viele andere sei hier eine Bayerische Regionalzeitung zitiert, die sich unter der Überschrift „Groteske im Bundestag" auf der Titelseite in einem Kommentar zutiefst empört zeigt:

> *„Jeder blamiert sich, so gut er kann. Unseren Volksvertretern in Berlin ist das bei der Neufassung des Meldegesetzes trefflich gelungen. Wer sich das kuriose 57-Sekunden-Video über die Abstimmung im Bundestag anschaut, der kann nur den Kopf schütteln. Von 620 Abgeordneten saßen gerade mal zwei Dutzend im Plenum. Die anderen schauten Fußball oder hatten wichtigere Termine. (...) ... dieser fast gleichgültige Umgang der Volksvertreter mit Bürgerrechten ... macht betroffen. Dem Ansehen von Politik und Demokratie hat diese Groteske in jedem Fall geschadet."* [86]

Besonders bemerkenswert an der geäußerten heftigen Kritik ist, dass im Innenteil der Zeitung dann explizit auf folgendes hingewiesen wird: „Dass ein spärlich besetztes Parlament Gesetze ohne Debatten verabschiedet, weil die Experten aller Fraktionen ihre Beiträge zu Protokoll geben, ist weder neu noch ungewöhnlich."[87] Warum also die Aufregung?

Deutlich macht dies zweierlei: Zum einen war es für die Zeitung attraktiv, sich verächtlich über Politiker/-innen zu äußern – sogar wider besseres Wissen. Zum anderen wird aber auch klar, dass der Anblick eines nur spärlich besetzten Plenums vielen Bürgerinnen und Bürgern unangenehm aufstößt.

STAMMTISCHPAROLE

*„Das in der Regel fast leere Plenum ist eine Schande
für unsere Demokratie."*

Ähnliche Parolen:
*Ein leeres Plenum zeugt von der Faulheit
und Ignoranz der Politiker.
Politiker profilieren sich in Talkshows statt
im Bundestag ihren Job zu machen.*

Es gibt durchaus Situationen, in denen das Plenum des Bundestags bis auf den letzten Platz besetzt ist, sei es bei konstituierenden Sitzungen, bei Festakten, bei besonders wichtigen Entscheidungen oder bei Themen, in denen die Fraktionen die Abstimmung bewusst „frei geben" (siehe hierzu auch den nächsten Punkt). Letzteres ist insbesondere der Fall, wenn die politische Entscheidung mit Wertfragen verbunden ist, die quer zu den politischen Lagern liegt (z.B. Sterbehilfe).

Doch woran liegt es, dass der Plenarsaal im Regelfall nur spärlich besetzt ist? Die einfache Antwort: Es entspricht der Arbeitslogik des Bundestages, also der Art und Weise wie er sich organisiert. Zugespitzt formuliert: Der Bundestag wäre nicht arbeitsfähig und weit weniger effektiv, wenn jeder Abgeordnete an jedem Plenum die ganze Zeit anwesend wäre und dort auch konzentriert den Reden lauschen würde. Hintergrund dafür ist, dass das Plenum, anders als es von der Bevölkerung erwartet wird, im Regelfall *nicht* der Ort der inhaltlichen Auseinandersetzung, des Ringens um die beste Lösung und des ergebnisoffenen politischen Diskurses ist. Den Sinn des Plenums liegt vielmehr darin, dass dort die Abgeordneten für ihre Fraktionen der Öffentlichkeit gegenüber begründen, warum sie einer Gesetzesvorlage zustimmen bzw. diese ablehnen. Bevor es dazu

kommt, ist ein Gesetzentwurf in der Regel viele Male diskutiert, problematisiert, in seinen Konsequenzen bedacht und gegebenenfalls weiter entwickelt worden; sei es in den Ausschüssen, in den Fraktionen und Fraktionsarbeitskreisen, in Anhörungen oder in Gesprächen mit Verbänden, Organisationen und Betroffenen. Und üblicherweise ist auch nur ein Teil der Abgeordneten, also in der Regel die jeweiligen Fachexperten, wirklich in der Lage, die einzelnen Vorlagen nachzuvollziehen und weiter zu entwickeln. Die Spezialisierung die in einer hochkomplexen Gesellschaft in jedem gesellschaftlichen Bereich und gerade auch in der Wissenschaft besteht, ist auch in der Politik unvermeidlich. In der Regel verlässt sich die Mehrheit der Abgeordneten bei Abstimmungen deswegen auf die Fraktionsexperten, die genügend damit zu tun haben, in ihrem Bereich den Überblick zu behalten. Und das ist auch sinnvoll, wie Altkanzler Schmidt betont: „In vielen Fällen reicht die persönliche Urteilskraft des Einzelnen tatsächlich nicht aus."[88] Hier muss er sich dann „nach dem richten, was Freunde, Kollegen oder der Parteisprecher ihm empfehlen."[89]

Dennoch ist der Blick in ein fast leeres Plenum irritierend. Insbesondere für Besucher im Bundestag erzeugt das Verhalten der Abgeordneten Misstrauen, wenn diese zum Beispiel während einer Sitzung ihre Akten bearbeiten, Zeitung lesen oder gar

Werte- und Entwicklungsquadrat: „Das in der Regel fast leere Plenum ist eine Schande für unsere Demokratie."

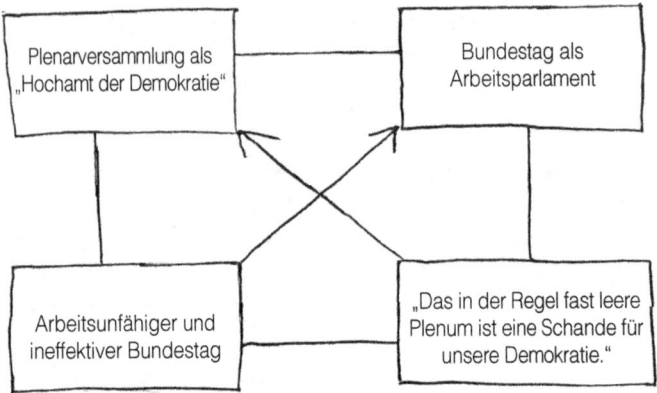

schlafen. Es wird noch befremdlicher, wenn man bedenkt, dass das Bundestagsplenum als Hochamt der Demokratie gilt. Zu diesem Bild trägt sicherlich auch bei, dass in der politischen Bildung genau diese Vorstellung vermittelt wird und in den Medien Kommentatoren sich vor Begeisterung kaum einkriegen, wenn im Plenum „endlich mal richtig diskutiert wird". Das Spannungsfeld, in dem sich der Bundestag hier bewegt, ist letztlich nicht grundsätzlich auflösbar (siehe Abbildung).

STAMMTISCHPAROLE

„Der Fraktionszwang macht die Abgeordneten zu Marionetten der Fraktionsführung."

Ganz ähnlich ist die Problematik hinsichtlich der Rolle der deutschen Bundestagsabgeordneten. Im Deutschen Bundestag sitzen mindestens 598 Abgeordnete,[90] die laut Grundgesetz (Artikel 38, 1), an „Weisungen nicht gebunden und nur ihrem Gewissen unterworfen" sind. Wie oben schon ausgeführt, sind die Abgeordneten in vielen Detailfragen darauf angewiesen, sich an den Experten der Fraktion zu orientieren (wobei diese auch nicht zwingend immer einer Meinung sind). Beim kritisierten Fraktionszwang geht es jedoch um etwas anderes: Faktisch nehmen bei den meisten Abstimmungen die Fraktionsführung (direkt) und die Parteiführung (indirekt) sehr großen Einfluss auf das Abstimmungsverhalten. Beispielsweise beschimpfte 2011 der Kanzleramtsminister Ronald Pofalla den CDU-Abweichler Wolfgang Bosbach bei der Abstimmung über den erweiterten Euro-Rettungsschirm mit den Worten: „Ich kann Deine Fresse nicht mehr sehen."[91]

Bei der Frage nach der Legitimität, von diesem mit massivem Druck verbundenen Einfluss, ist die Grundproblematik, wie man in einer Großgruppe mit über 500 Personen Entscheidungsprozesse so organisieren kann, dass sie sowohl dem individuellen Anspruch auf eine freie Ausübung des Mandats als auch der Notwendigkeit nach Entscheidungsfähigkeit entsprechen.

Die gegenwärtigen Arbeitsroutinen des Bundestages basieren auf in Fraktionen organisierten Abgeordneten. Anhand der Stärke der Fraktionen wird festgelegt, in welcher Reihenfolge geredet wird und wie lange die Redezeit ist. Würden sich die 598 Abgeordneten nicht organisieren, müssten beispielsweise für jede Diskussion aufs Neue komplizierte und zeitaufwendige Verfahren gefunden werden, um zu entscheiden, wer wie lange reden darf und in welcher Reihenfolge gesprochen wird. Dieser Zwang zur Gruppenbildung ist für Entscheidungsprozesse in Großgruppen typisch, ja notwendig, da er Struktur gibt und damit sicherstellt, dass alle relevanten Interessen eingebracht werden können und dennoch die Übersichtlichkeit gewahrt wird. Gerade neu gegründete Parteien, in denen diese Strukturierung noch nicht ausreichend gefestigt ist, sind dann auf ihren Parteitagen mit

Werte- und Entwicklungsquadrat:
„Abgeordnete sind doch nur Marionetten ihrer Parteiführung."

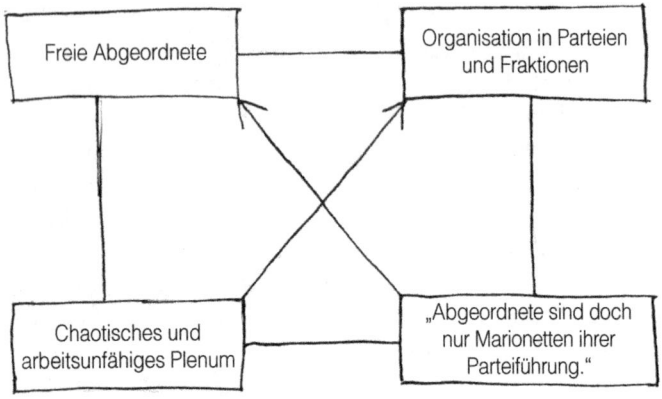

mehreren hundert Delegierten oftmals in hohem Maße chaotisch, so die Grünen in ihrer Anfangsphase, so die Piraten oder
die AFD (siehe Abbildung).

Doch selbst wenn man die Notwendigkeit zur Gruppen- bzw.
Fraktionsbildung akzeptiert, ist die Frage damit noch nicht beantwortet, warum diese Fraktionen im Regelfall homogen abstimmen sollen. Zwei Gründe sind hier zu nennen: Zum einen
ist für den Erhalt einer Gruppe eine gewisse Homogenität nach
innen und eine erkennbare Abgrenzung nach außen konstitutiv.
Und zum anderen orientiert sich die Gewaltenteilung zwischen
Bundestag und Bundesregierung seit Bestehen der Bundesrepublik nicht an der häufig noch in der Schule gelehrten Trennung
von Legislative (Parlament) und Exekutive (Regierung) sondern
am sogenannten „neuen Dualismus". Damit ist gemeint, dass
die Mehrheitsfraktionen die Regierung stützen und die Oppositionsfraktionen die Regierung kritisieren. Dies führt jedoch zur
nächsten Stammtischparole:

STAMMTISCHPAROLE

„Die Opposition sagt ja ohnehin einfach immer nur Nein."

In vielen Umfragen zeigt sich, dass sich die Bürgerinnen und Bürger eine Opposition wünschen, welche die Regierung in ihrer Arbeit unterstützt. Selbst bei einer Studie mit angehenden Lehrern stimmen 80 % der folgenden Aussage zu: „Aufgabe der politischen Opposition ist es nicht, die Regierung zu kritisieren, sondern sie in ihrer Arbeit zu unterstützen."[92] Im Sinne der Gewaltenteilung des neuen Dualismus ist aber nicht das gesamte Parlament Gegenspieler der Regierung sondern die Oppositionsfraktionen, die quasi eine Art Regierung im Wartestand bilden. Und es ist durchaus sinnvoll, dass klar geregelt ist, wer den Advocatus diaboli spielen muss und das Haar in der Suppe suchen soll. Klar ist, dass eine Opposition, die im Regelfall den Gesetzen der Regierung zustimmt, sehr schnell ihre Existenzberechtigung verlieren würde.

Auf der anderen Seite ist Politik durchaus darauf angewiesen, dass alle Akteure grundsätzlich zur Kooperation fähig sind und gemeinsam nach der besten Lösung suchen, also einer Lösung, die möglichst viel von den Interessen der verschiedenen Interessensträger berücksichtigt (siehe Abbildung).

Werte- und Entwicklungsquadrat:
„Die Opposition sagt ja ohnehin einfach immer nur Nein."

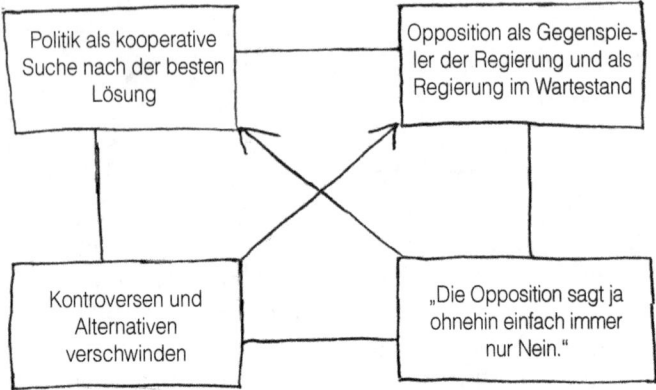

Dieses grundsätzliche Spannungsfeld zwischen Kooperation und Konfrontation begegnet uns nicht nur in der Politik im deutschen Bundestag sondern auch in der Auseinandersetzung um Stammtischparolen über Politik.

3. „Ich bin noch nicht überzeugt!" Interventionsmöglichkeiten gegen Stammtischparolen

Manchmal gibt es den Impuls in einem Gespräch über Politik, wo der Gedanke entsteht: „So möchte ich das nicht stehen lassen?" Ab wann ist der Moment erreicht, wo in jedem Fall eingeschritten oder Einhalt geboten werden müsste? Was würde denn helfen gegen Stammtischparolen? Und was wäre die Motivation, das Ziel?

Stammtischparolen über Politik sind Äußerungen, die zwar einseitig, platt, pauschal und selbstgerecht sind, aber möglicherweise doch einen wahren Kern besitzen, beziehungsweise einen relevanten Aspekt beinhalten. Und damit stellt sich die Frage, wie sich eigentlich eine Stammtischparole von einem pointierten Statement, einer klaren Positionierung unterscheiden lässt; oder weiter gedacht, ob für politische Gespräche nicht klare Positionierungen hilfreich oder sogar notwendig sind. Liegt nicht gerade in einer zuspitzenden Provokation die Chance auf eine vertiefende Auseinandersetzung? Und ist der vorweggenommene Kompromiss in der eigenen Positionierung für einen offenen Streit nicht gerade hinderlich?

Auch hier ist wieder ein Werte- und Entwicklungsquadrat hilfreich: Mit diesem lässt sich darstellen, dass sowohl die Berechtigung eines pointierten Statements gesehen wird als auch die Notwendigkeit einer Offenheit für andere Sichtweisen und Perspektiven. Die Verabsolutierung eines der beiden Werte würde entweder zu einer inhaltlichen Beliebigkeit oder eben zu einem selbstgerechten Absolutheitsanspruch, also einer Stammtischparole führen (siehe Abbildung).

Werte- und Entwicklungsquadrat zum Verständnis von Stammtischparolen

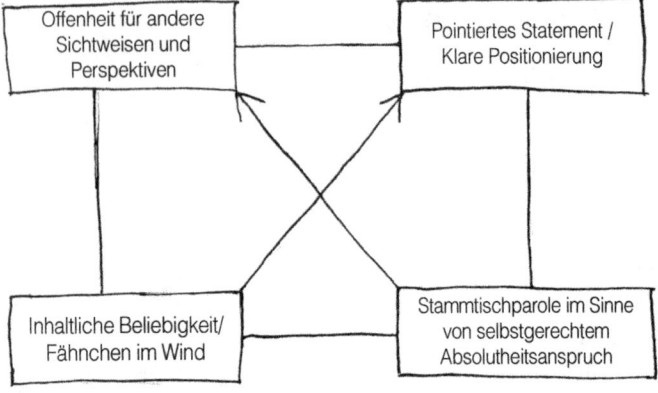

In dieser Perspektive ist es also nicht nur entscheidend, was jemand sagt, sondern gerade auch, wie er darauf reagiert, wenn jemand anderes einhakt und eine andere Position hat, ob also eine grundsätzliche Offenheit für andere Sichtweisen und Perspektiven besteht.

Unter Stammtischparolen kann man somit Aussagen verstehen, die nicht nur ein Statement darstellen, sondern die auch im Gespräch selbstgerecht und undifferenziert verteidigt werden. Und diese Stammtischparolen sind problematisch, weil sie ein wirkliches Gespräch verhindern und für die politische Kultur sowie darüber hinaus auch für die Demokratie, die ja gerade auf Diskurs angewiesen ist, insgesamt gefährlich sind.

Damit stellt sich die Frage, wie man gegen Stammtischparolen vorgehen kann. Um hier eine Antwort zu finden, muss man sich auch damit beschäftigen, warum es eigentlich Stammtischparolen gibt, welchen Sinn sie also haben.

Das Leben ist doch schon kompliziert genug –
Warum es Stammtischparolen gibt

Menschen sind grandiose Vereinfacher – Gott sei es gedankt! Ohne diese Fähigkeit wären wir nämlich schlichtweg nicht lebensfähig, da wir von der Vielzahl auf uns einströmender Umweltreize heillos überfordert wären. Deswegen reduzieren wir in jeder Situation, gerade auch in neuen Situationen, Komplexität und suchen nach dem Bekannten im Unbekannten. Vom ersten Tag unserer geistigen Entwicklung suchen wir Muster und sortieren unsere Erfahrungen in Schubladen. Und unser aktuelles persönliches Schubladensystem prägt wiederum unsere Wahrnehmungen. Mit Vorliebe nehmen wir wahr, was wir gut in unsere bisherigen Schubladen einordnen können. Was in bestehende Schubladen nicht passt oder – schlimmer noch – unser bisheriges Ordnungssystem in Frage stellt, wird hingegen gerne übersehen, etwas was gerade in der Theorie der kognitiven Dissonanz von Leon Festinger[93] betont wird.

Vereinfachungen haben also einen Sinn, da sie uns in unübersichtlichen Situationen Orientierung geben. Dies gilt im gleichen Maße für Vorurteile, worauf der Psychologe Gordon W. Allport bereits 1954 in seinem bekannten Buch „The Nature of Prejudice" (Die Natur des Vorurteils) aufmerksam gemacht hat.[94] Liebgewordene Einteilungen und Zuordnungen sowie Vorurteile sind damit auch nur schwer zu verändern. Wir halten an dem fest, was unseren bisherigen Erfahrungen entspricht, wir versuchen unser ganz persönliches Bild der Welt zu bewahren. Wir vereinfachen umso stärker und halten umso stärker an unseren Vorstellungen fest, umso wichtiger diese Vorstellungen für unser persönliches Wohlbefinden sind.

Beispielsweise ist es sehr bequem, wenn wir *die* Politik oder *die* Wirtschaft für die Diskrepanz zwischen unseren oft ausgeprägten ökologischen Werten und unserem oft weniger ausgeprägtem ökologischen Handeln verantwortlich machen können. Jemand, der hier kritisch einhakt und über die Verantwortung des mündigen Bürgers spricht, wird für uns sehr schnell unangenehm. Wir geraten unter Rechtfertigungsdruck und werden alles daran setzen, zu „beweisen", dass natürlich in letzter Konsequenz doch die anderen „Schuld" seien. Eine Differenzierung unserer Position nehmen wir ungerne unter Druck vor und erst Recht nicht auf Kommando. Eher sind wir dazu bereit, wenn die neue, bislang nicht „passende" Information, nicht als Bedrohung empfunden werden muss, sondern als intellektuell herausfordernde Bereicherung gesehen werden kann. Auf das Beispiel bezogen: Die Frage der individuellen Verantwortung in einem System, welches eher unökologisches als ökologisches Verhalten belohnt, ist durchaus spannend.

Auch Stammtischparolen vereinfachen das Leben, sie strukturieren die komplizierte politische Welt, vermitteln das gute Gefühl auf der richtigen Seite zu stehen und klären die Schuldfrage auf angenehme Weise: Wenn etwas schief läuft sind letztlich andere und natürlich insbesondere *die* Politiker/-innen verantwortlich. Stammtischparolen geben also Sicherheit. Und dies ist der zentrale Grund, warum viele Menschen ihre Stammtischparolen und damit ihre Welt(sicht) ungern in Frage gestellt sehen.

Erschwerend kommt hinzu, dass Stammtischparolen nicht nur eine individualistische sondern auch eine gruppenpsychologische und eine gesellschaftliche Komponente haben. So wird in der Gruppenpsychologie mit der Theorie der sozialen Identität von Tajfel[95] beschrieben, dass es eine Tendenz zur Fremdgruppenabwertung (seien es Politiker, Ausländer, Andersdenkende oder sonstige „Andere") gibt, um die Eigengruppe und damit letztlich sich selbst aufzuwerten. Und nicht zuletzt kann die menschliche Neigung zur Kategorisierung, zur Vereinheitlichung und zur Fremdgruppenabwertung als Herrschaftsinstrument gezielt genutzt werden, um bestimmte Gruppen in der Rolle von Sündenböcken für gesellschaftliche Missstände verantwortlich zu machen.

Da brauchst Du mir nichts zu erzählen –
Über die Schwierigkeit, bei Stammtischparolen einzuhaken

Stammtischparolen werden im Brustton der Überzeugung vorgetragen: „Das wird man doch wohl noch sagen dürfen."[***] Und das Wesen von Stammtischparolen ist gerade ihre Rigidität und der selbstgerechte Ton, in dem sie vorgetragen werden. Stammtischparolen können dabei entweder auf tiefsitzenden Überzeugungen basieren oder sie sind wenig reflektierte, eher so dahin gesagte Äußerungen. Im ersten Fall, bei den verankerten Überzeugungen, kann ein Hinterfragen dazu führen, dass sich die Person damit nicht nur auf einer inhaltlichen Ebene herausgefordert fühlt sondern auch als Person. Im zweiten Fall, bei den eher so dahin gesagten Statements, ist die Konfrontation für die Person mit der Gefahr einer peinlichen Situation verbunden, dem Gefühl nicht wirklich eine fundierte Meinung zu haben und einfach nur Parolen zu verkünden. Beiden Fällen ist gemeinsam, dass das Festhalten an Stammtischparolen nicht nur dem

---

[***] Letzteres übrigens die Titelschlagzeile der Tageszeitung Bild vom 04.09.2010, in welchem sie unter dem Anspruch „BILD kämpft für Meinungsfreiheit" gängige Parolen nannte, wie z.B. „Nicht wir müssen uns den Ausländern anpassen, sondern sie sich uns."

inhaltlichen Verteidigen der Position gilt, es geht in beiden Fällen um mehr, und zwar um den Schutz der eigenen Person. Das erklärt auch, warum die Gefahr sehr groß ist, dass auf Widerspruch mit Aggression reagiert wird. Und genau diese Drohung vor einer Eskalation des Konflikts schwingt schon durch den selbstgerechten und dogmatischen Unterton bei der Äußerung der Stammtischparole selbst mit. Will man nun aber eine Eskalation vermeiden, stellt sich die Frage, wie man bei Stammtischparolen so einhaken kann, dass die aggressive Reaktion des Anderen möglichst vermieden werden kann. – Letztlich entscheidet der Andere natürlich selbst, wie er reagiert, unser Verhalten macht aber bestimmte Reaktionen wahrscheinlicher und andere unwahrscheinlicher.

Keine Angst vor dem Statement – Wie man den Mut zur eigenen Meinung findet

Der erste Schritt, um Stammtischparolen entgegenzutreten, ist auch gleich der schwierigste: Man muss selbst den Mut aufbringen, überhaupt zu reagieren. Und das ist alles anders als selbstverständlich. Politisch Farbe zu bekennen, erscheint heute vielen als riskant. In einer komplexen und unübersichtlichen Welt, in der oftmals nicht nur über die richtigen Wege zum Erreichen eines Zieles Dissens herrscht, sondern bereits bei der Situationsanalyse und erst recht auf der Ebene der Ziele, sind Gespräche über Politik für viele kein Wohlfühlthema sondern weit jenseits der Komfortzone. Es gibt eine weit verbreitete „Angst vor dem Statement".[96]

Manche glauben, die Äußerung einer eigenen Meinung sei nur gerechtfertigt, wenn sie auf einem Maximum an Kenntnis, Problembewusstsein und Analysefähigkeit basiert. Und diesem Anspruch wird kaum einer gerecht – und ohnehin nicht bei allen Themen. Doch was ist eigentlich dagegen zu sagen, Statements nicht als unverrückbare Positionen sondern als interessierte, suchende und nach Verstehen strebende Äußerung zu betrachten?

Was auch Ausdruck einer angemessenen Haltung sein kann, mit der man demjenigen begegnen kann, der Stammtischparolen zum Besten gibt. Denn dieser hat zwar keine Angst vor dem Statement, möglicherweise aber Angst davor, dass ihm widersprochen wird.

Nicht Besserwisserisch auftreten, sondern zum gemeinsamen denken einladen – Welche Haltung beim Intervenieren hilfreich ist

Was brauchen Menschen, damit sie inhaltlich dazulernen und sich persönlich weiter entwickeln können? Der Psychologe Carl Rogers gab hier schon in den 50er Jahren eine überraschend einfache und bis heute gültige Antwort: Menschen brauchen Beziehungen, die von Wertschätzung, Authentizität und Empathie geprägt sind.[97] Ob Kinder, Jugendliche oder Erwachsene – wenn Menschen lernen, die Forschung ist sich einig, ist es die Person des Lehrenden, die maßgeblich den Lernerfolg bestimmt.[98] Und hier wiederum ist die Haltung des Lehrenden von zentraler Bedeutung und die Beziehung, die er zu den Lernenden aufbaut.[99]

Das können wir gut auch bei uns selbst beobachten: Wenn wir uns als Person angenommen fühlen, wenn wir uns verstanden fühlen und wenn wir glauben, dass uns unser Gegenüber authentisch und nicht manipulativ begegnet, sind wir gut in der Lage, auch neue Gedanken oder auch Kritik an uns selbst zuzulassen. Wenn uns hingegen jemand entgegentritt, der uns ablehnt, der uns offensichtlich nicht versteht oder verstehen will und der uns fassadenhaft künstlich erscheint, dann werden wir nur ungern von ihm neue Impulse aufnehmen.

Bezogen auf unseren Umgang mit Stammtischparolen ist es deshalb höchst relevant, ob wir uns selbst als im Besitz der reinen Lehre wähnen und den Anderen als tumben Toren betrachten, den wir nur an unserer Weisheit partizipieren lassen müssen, um ihn auf den Pfad der Erkenntnis zu führen. Oder ob wir wirklich verinnerlicht haben, dass es in der Politik selten um

VERSTEHE!

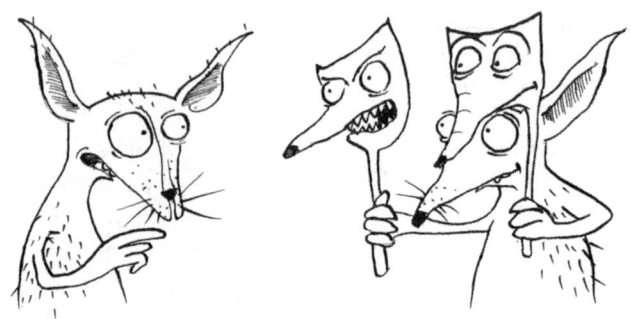

Wahrheit geht und dass auch eine Stammtischparole erstmal eine legitime Meinungsäußerung ist, die möglicherweise relevante Kritik beinhaltet und die für uns selbst viel Lernpotenzial besitzen kann.

Edel, hilfreich und gut –
Wie man zu der richtigen Haltung findet

Eine Haltung seinen Mitmenschen gegenüber einzunehmen, die von Authentizität, Wertschätzung und Empathie geprägt ist, ist immens herausfordernd und bleibt wahrscheinlich für jeden, der dies versucht, eine lebenslange Entwicklungsaufgabe.[100] Es geht bei der Überlegung zur richtigen Haltung auch nicht darum, sich moralisch unter Druck zu setzen, nach dem Motto: Sei edel, hilfreich und gut. Sondern es geht darum, zu reflektieren, welche Haltung für einen zwischenmenschlichen Umgang nicht nur unsere eigene Entwicklung sondern auch die des anderen fördert und wie wir eine solche Haltung leben können. Und hier sind gerade die Wechselwirkungen zwischen Authentizität, Wertschätzung und Empathie von großer Bedeutung. So ist unsere Bereitschaft, sich emphatisch auf den Anderen einzulassen, davon abhängig, wie sehr wir ihn wertschätzen. Und unsere Wertschätzung wiederum hängt davon ab, wie sehr wir den anderen verstehen können, wir sehr wir uns also emphatisch auf ihn eingelassen haben. Auch unsere Bereitschaft zur Authentizität hängt von unserer Wertschätzung für den anderen ab. Und unsere Wertschätzung für den anderen wird durch seine Authentizität beeinflusst, die wiederum abhängig ist von der Authentizität mit der wir ihm begegnen. Von besonderem Stellenwert ist also die Wertschätzung die wir für den anderen empfinden. Und der Weg zu mehr Wertschätzung für den anderen muss letztlich die Auseinandersetzung mit diesem beinhalten. Und damit sind wir wieder bei dem Sinn dieser Haltung im Umgang mit Stammtischparolen: Es geht darum, dass der andere sich überhaupt für unsere Position und unsere Argumentation öffnen kann, dass er, ebenso wie wir selbst, dazulernen kann. Und das gelingt nicht, wenn sich der andere durch uns in Frage gestellt fühlt.

Um jedoch nochmals einem möglichen Missverständnis vorzubeugen: Bei Äußerungen, die andere Menschen pauschal abwerten, sollte in jedem Fall die klare und unmissverständliche Distanzierung stehen.

Wenn man nicht mehr klar denken kann – Warum es wichtig ist, Frustration, Wut und Enttäuschung ernst zu nehmen

Was passiert, mit Menschen, die sich bedroht fühlen und die dadurch in Stress geraten? Auf einer körperlichen Ebene lassen sich u. a. folgende Veränderungen feststellen: Die Adrenalindrüsen regen die Ausschüttung von Adrenalin an, das Herz erhöht die Herzschlagrate und steigert die Stärke der Kontraktionen, die Schweißbildung verstärkt sich, die Pupillen erweitern sich und die Bronchien dehnen sich aus.[101] Die Kommunikationstrainerin Petra Korte[102] bezeichnet diese Veränderungen als „Grizzly-Programm", das innerhalb von Sekundenbruchteilen als Reaktion unseres Körpers auf eine Bedrohung aktiviert wird, eben beispielsweise wenn uns im Wald ein Grizzly-Bär gegenübertritt. Unvermittelt schaltet unser Körper um, in den Flucht- und Verteidigungsmodus.

Diese schnelle und intensive Reaktion war in der Menschheitsgeschichte eine zentrale Voraussetzung zum Überleben. Heute sind wir zwar mit weniger realen Gefahren für Leib und Leben konfrontiert, wenn man mal vom Straßenverkehr absieht, in dem sich viele tatsächlich häufig von Grizzlys umzingelt wähnen. Dennoch reagieren wir auch in Situationen mit diesem Programm, die *nicht* lebensbedrohlich sind, sondern die lediglich wichtige Interessen von uns verletzen, zum Beispiel unser Bedürfnis als Person respektiert zu werden oder unser Ziel, unsere Selbstbestimmung zu wahren. Und hier kommt nun eine Konsequenz des Grizzly-Programms zum Tragen, die Konflikte häufig so anstrengend und unangenehm macht: Evolutionär war die schnelle Reaktion auf Gefahr überlebensnotwendig, das schnelle Wiederherstellen des Normalzustandes war hingegen weit weniger wichtig. Aufgrund der (notwendigen) heftigen körperlichen Reaktion ist es vielmehr so, dass es mindestens einige Minuten dauert, bis der vorherige Normalzustand wiederhergestellt ist. In einem Konflikt kann dies bedeuten, dass wir aufgrund einer wahrgenommenen Bedrohung unseres Selbstwerts, die möglicherweise vom anderen gar nicht intendiert war, unvermittelt in das Grizzly-Programm geraten. Im besten Fall erkennt unser Gegenüber die unbeabsichtigte Kränkung und entschuldigt sich sogleich, erklärt uns also, dass die Gefahr nicht länger besteht, ja eigentlich nie bestand. Leider ändert auch diese Entschuldigung und Erklärung des anderen nichts daran, dass wir uns nach wie vor im Ausnahmezustand befinden. Wir reagieren beleidigt und pampig selbst auf offensichtlich verständnisvolles und bemühtes Verhalten unseres Gegenübers. Dieser müsste unser Genervtsein nun einige Minuten aushalten, bis unser Körper wieder im Normalzustand ist. Oftmals ist der andere aber dann doch auch irgendwann genervt, wenn er, ohne böse Absicht, und trotz seines Bemühens, mit Ablehnung unsererseits konfrontiert wird. Die

Konsequenz: Er fühlt sich seinerseits nicht respektiert und droht selbst in das Grizzly-Programm zu rutschen.

Die Konsequenzen des Grizzly-Programms für unser Konfliktverhalten (beziehungsweise das unseres Kontrahenten) sind verheerend und lassen sich mit dem Konfliktforscher Karl Berkel wie folgt beschreiben: Die Wahrnehmung wird einseitiger, polarisierender und pauschaler, die Gefühle dem anderen gegenüber werden einseitig negativ, das Ziel, sich durchzusetzen dominiert alles andere und letztlich ist unser Handeln nur noch darauf ausgerichtet, unseren „Gegner" zu besiegen. Eine sachliche Auseinandersetzung oder gar ein gemeinsames voneinander lernen sind unter diesen Bedingungen unmöglich.[103]
Zugespitzt formuliert: Wenn der andere (oder man selbst) in diesem Modus ist, brauchen wir gar nicht erst den Versuch zu unternehmen, ein sachliches Gespräch zu führen, da sich der andere in einem körperlichen und damit verbunden auch in einem psychischen Ausnahmezustand empfindet.

Was können wir also tun, wenn der andere im Grizzly-Modus ist? Eine einfache Antwort ist die sogenannte Fünf-Minuten-Regel. Diese besagt, dass wir dem Anderen fünf Minuten Zeit geben sollten, seine Frustration zu äußern und mehr noch, dass wir fünf Minuten wirklich zuhören und auch versuchen, seine Frustration zu verstehen. Die Idee dahinter ist: Je mehr sich der andere verstanden fühlt, umso eher kann er erkennen, dass wir ihn nicht bedrohen, dass wir ihm nicht feindselig genüberstehen und dass wir ihn als Person respektieren. Und umso mehr der andere dies erlebt, umso schneller wird sein Körper wieder in den Normalmodus kommen können.

Hier muss aber ein grundlegendes Problem angesprochen werden: Wollen wir wirklich dem Anderen Raum für menschenverachtende Äußerungen geben, beispielsweise für ausländerfeindliche, homophobe oder sexistische Äußerungen, die ja oftmals auch verwendet werden, um bestimmte Politiker zu diskreditieren? Wie sehr wir uns hier in einem privaten Vier-Augen-Gespräch darauf einlassen, ist Geschmackssache. Insbesondere in öffentlichen Situationen, und dazu zählt schon die Familienfeier, ist es aber sicherlich unangemessen, Raum für derartige Statements zu geben (siehe hierzu auch weiter unten: Stopp! – Wann man sich distanzieren sollte und wie man dies wirkungsvoll hinbekommt).

Das habe ich nicht gesagt – Warum verstehen und verstanden werden vielleicht die größte Herausforderung ist

Das Leben wäre wesentlich einfacher wenn unser Gegenüber immer das Verstehen würde, was wir meinen. Dem ist aber oftmals nicht so. Vielmehr ist das Missverstehen der Normalfall, was uns im Alltag allerdings oftmals gar nicht auffällt, dafür in Konflikten umso mehr zur Eskalation beiträgt. Verdeutlichen kann man dies unter Rückgriff auf einige der Grundregeln („pragmatische Axiome") des 2007 verstorbenen Kommunikationswissenschaftlers Paul Watzlawick.

Man kann nicht nicht kommunizieren. Watzlawick betont, dass wir immer kommunizieren, auch wenn wir nichts sagen und selbst wenn sich unsere Mimik und Gestik überhaupt nicht ändern. So ist beispielsweise unser Zögern bei der Beantwortung einer Frage eine durchaus informationshaltige Botschaft. Allerdings liegt es im Ermessen des Fragestellers, wie er unser Zögern interpretiert und ob er damit tatsächlich die Ursache für unser Zögern erfasst, sei es beispielsweise, dass wir die Frage nicht verstehen, sei es, dass wir diese für unverschämt halten oder sei es, dass wir für die Beantwortung einfach erst nachdenken müssen. Für das Thema Stammtischparolen ist das insofern relevant als auch unser Schweigen auf derartige Statements einen Mitteilungscharakter hat: Möglicherweise fühlt sich der andere durch unser Schweigen in seiner Position bestätigt und ermutigt, sich weiter in diesem Stil zu äußern, er wertet unser Schweigen also als Zustimmung. Verhindern können wir dies nur durch eine explizite Mitteilung.

Jede Kommunikation hat einen Inhalts- und einen Beziehungsaspekt[104] Wenn wir miteinander sprechen, hört der andere nicht nur Informationen darüber, wie wir einen Sachverhalt sehen, sondern auch darüber, wie wir die Beziehung zu ihm betrachten. Und nach Paul Watzlawick „bestimmt" der Beziehungsaspekt den Inhaltsaspekt, das heißt, die Wahrnehmung der sachlichen Information wird dadurch geprägt, wie der andere hört, dass wir zu ihm stehen. Und hier sind Missverständnissen natürlich Tür und Tor geöffnet: Möglicherweise glaubt der andere, dass wir ihn belehren, ja sogar beschämen wollen, ohne dass dies unsere Absicht wäre. Und damit sind unsere Chancen, dass wir sachliche Informationen noch vermitteln können, gleich null, da der andere in den Verteidigungsmodus, in das Grizzlyprogramm geht. Ohne geklärte Beziehung, die der andere nicht als Bedrohung sondern als Bereicherung erlebt, ist ein sachliches Gespräch über den Sinn oder Unsinn konkreter Stammtischparolen also sehr schwierig.

Kommunikation ist immer Ursache und Wirkung. Watzlawick spricht von einer „Interpunktion der Kommunikationsabläufe seitens der Partner". Damit ist gemeint, dass wir unser Verhalten in der Regel als Reaktion auf das Verhalten des anderen betrachten und dabei oftmals vergessen, dass der andere sein Verhalten wiederum als Reaktion auf unser Verhalten betrachtet. Und wenn der andere sich durch uns provoziert fühlt, wird er entsprechend darauf reagieren, sei es mit Rückzug oder sei es mit Provokationen seinerseits. In der Auseinandersetzung mit Stammtischparolen ist dies deshalb wichtig, da wir durch das Hinterfragen oder Problematisieren dieser Parolen möglicherweise ein Verhalten des anderen „verursachen", welches wir als unangemessen betrachten, beispielsweise als sehr aggressiv. Der andere wird sein Verhalten allerdings als Reaktion auf unsere „aggressive Infragestellung" seiner Person legitimieren. Diese „Henne-Ei-Problematik" ist letztlich nicht auflösbar, der Ausgangspunkt für beispielsweise eine Konflikteskalation ist meist nicht fixierbar.

Festzuhalten bleibt: Kommunikation ist weit weniger eindeutig, als wir im Alltag glauben. Missverständnisse sind eher der Normalfall. Die Ursache dafür, dass uns das wenig bewusst ist, liegt darin, dass die meisten Missverständnisse keine auffallenden Konsequenzen haben. Erst im Konfliktfall, wenn es auf jedes Wort, ja sogar auf jeden Blick ankommt, werden Missverständnisse bedeutsam und sind oftmals Ursache für eine Eskalation.

Um gerade dies zu verhindern kann eine analytische Trennung von drei oftmals miteinander eng verbundenen Schritten relevant sein: (1) Ich nehme wahr. (2) Ich interpretiere das Wahrgenommene auf eine bestimmte Weise. (3) Meine Interpretation des Wahrgenommenen verursacht bestimmte Gefühle bei mir.[105]

An einem Beispiel illustriert. Während ich meinem Gegenüber gerade versuche, etwas zu erklären, runzelt dieser die Stirn. (1) Dieses Stirnrunzeln nehme ich wahr. (2) Und ich interpretiere es als Ausdruck von Missbilligung meinem Statement und letztlich mir selbst gegenüber. (3) Entsprechend meiner Interpretation fühle ich mich natürlich schlecht, ich fühle mich angegriffen und verletzt, ich bin sauer auf den anderen. – Da dieser Prozess innerhalb von Sekundenbruchteilen abläuft, bleibt mir nur die nachträgliche Analyse, die ich dem anderen als Feedback geben kann: „Ich habe gesehen, dass Du die Stirn runzelst. Ich glaube, Du lehnst ab, was ich da sage. Ich glaube, dass Du Dich gar nicht auf mich und meine Argumente einlässt. Und das är-

gert mich. " Der andere kann unsere Interpretation nun bestäti-
gen oder erläutern, worum es ihm geht, beispielsweise indem er
sagt: „Es stimmt, dass ich mich sehr anstrengen muss, um zu
verstehen was Du meinst – deswegen auch das Stirnrunzeln.
Aber ich würde es gerne nachvollziehen können. Mir ist noch
nicht klar, was Du damit meinst, wenn Du sagst …"

So lange wir nicht nachfragen, was der andere eigentlich
meint, ist unsere Interpretation nicht mehr als unsere Interpretation der Äußerung des Anderen und unser Gefühl nicht mehr
als eine Folge unserer Interpretation, mithin nicht durch den
anderen zu verantworten sondern durch uns selbst. Erst durch
explizites Feedback können wir dem anderen mitteilen, was wir
verstanden haben, was Voraussetzung dafür ist, um Missverständnisse auszuräumen.

Zugespitzt könnte man sagen, dass das Wesen von Kommunikation das Missverständnis ist, da jede Mitteilung weit weniger
eindeutig ist, als es für eine missverständnisfreie Kommunikation nötig wäre. Erschwerend kommt hinzu, dass wir diesen Gedanken zwar relativ leicht kognitiv nachvollziehen können, dass
wir uns aber in konkreten Kommunikationssituationen sehr
schwer tun, dies zu berücksichtigen. Da uns selbst unsere eigenen
Äußerungen klar und verständlich erscheinen, reagieren wir bei
Missverständnissen schnell aufgebracht: „Das habe ich nicht
gesagt:" – Besser wäre: „Das habe ich nicht gemeint." Und umgekehrt glauben wir, das unsere Interpretation der Äußerung des
anderen natürlich die naheliegendste ist: „Wie soll ich das denn
sonst verstehen, wenn Du sagst …"

Erst den anderen verstehen, dann hinterfragen und irritieren – Wie Menschen Neues lernen

Menschen lernen besser und nachhaltiger wenn sie sich wertgeschätzt und verstanden fühlen. Wenn wir in unserer Auseinandersetzung mit dem Anderen und seinen Stammtischparolen
diesen nur belehren wollen, wird uns dies kaum möglich sein.

Wir brauchen eine Haltung, die den Respekt vor dem Anderen nicht als Inszenierung versteht, sondern die den anderen wirklich wertschätzt.

Mit der „richtigen" Haltung alleine werden wir allerdings nur in wenigen Fällen erreichen können, dass unser Gegenüber anfängt, Stammtischparolen in Frage zu stellen. Wir brauchen auch Techniken und darüber hinaus die Kompetenz diese Techniken einzusetzen.

Ein guter Ansatz, der auch die innere Haltung berücksichtigt, ist das sogenannte Harvard-Konzept der Verhandlungsführung. Was ist der Kerngedanke dieses Ansatzes? Lange Zeit hat man sich bei Verhandlungen die Grundsatzfrage gestellt, ob man eine „weiche" oder eine „harte" Verhandlungsstrategie wählen sollte. Während man bei der „weichen" Strategie den Anderen bewusst als Partner behandelt, ist er in der „harten" Strategie der Gegner, der Feind. Entsprechend ist man entweder höflich, freundlich und zuvorkommend oder eben feindselig, aggressiv und bevormundend. Die Autoren des Harvardkonzeptes[106] halten diese Grundsatzfrage nun für falsch gestellt, es gehe nicht um die Alternative sondern um das Sowohl als auch. Konkret schlagen sie vor, dass man hart in der Sache und weich zu den Menschen sein solle. „Weich zu den Menschen" bedeutet dabei, sich für die Position, die Interessen und die Argumente des anderen zu interessieren, sich auf den anderen einzulassen und wirklich verstehen zu wollen, was der andere meint. Und „hart in der Sache" bedeutet dann mit der gleichen Konsequenz auch einzufordern, dass man den Raum kriegt, sich selbst verständlich zu machen.

„Weich zu den Menschen" beinhaltet, sich in die Lage des Anderen hinein zu versetzen, über die Vorstellungen des Anderen zu sprechen, die Emotionen des Anderen zu erkennen und zu verstehen sowie dem Anderen auch zu ermöglichen, „den Ärger, die Frustration und die anderen negativen Emotionen dadurch abzubauen, dass man den Gefühlen Luft verschafft".[107] Dieser Ansatz erinnert stark an etwas, was in der Pädagogik und

Psychologie als Aktives Zuhören bezeichnet wird.[108] Zentral ist sowohl beim Harvard-Konzept als auch beim Aktiven Zuhören, dass man versucht herauszufinden, worum es dem anderen wirklich geht, was mit ihm los ist, was seine Position ist, was seine Interessen sind und gegebenenfalls auch, warum er unter Druck steht. Mit dieser Strategie vermittle ich dem anderen: Ich interessiere mich für Dich und ich interessiere mich für Deine Position. Und Deine Interessen halte ich für legitim. Ich vermittle ihm also, dass ich ihn als Partner und nicht als Gegner betrachte.

Ein gutes Instrument um den anderen besser zu verstehen ist die Analytische Methode.[109] Bei der analytischen Methode geht es darum, dass drei Ebenen auseinandergehalten werden, die Situationsanalyse, das Ziel und die Strategie. Bei der Situationsanalyse frage ich den anderen, wie er die Situation betrachtet, also was das zugrundeliegende Problem ist. Beispielsweise könnte unser Gegenüber beschreiben, warum er das gegenwärtige Steuersystem für ungerecht hält. Im zweiten Schritt fragen wir nach dem Ziel, also danach, was unserem Gesprächspartner wichtig ist, was er möglicherweise auch hier für persönliche Interessen hat. Im Idealfall würden wir hier sein Verständnis von Steuergerechtigkeit verstehen und nachvollziehen können (z. B. die Forderung nach mehr Leistungsgerechtigkeit oder die nach mehr Bedürfnisgerechtigkeit). Und im dritten Schritt können wir fragen, wie er sein Ziel erreichen möchte, welche politische Strategie hier also angemessen wäre, mit welcher konkreten politischen Entscheidung dieses Ziel verwirklicht werden soll.

Der Vorteil dieser analytischen Trennung ist, dass wir feststellen können, wo genau ein möglicher Dissens besteht: Bereits bei der Situationsanalyse, bei den Zielen oder erst auf der Ebene der Strategie?

Um die analytische Methode einzusetzen, können Fragetechniken sinnvoll sein.

Was ich noch nicht verstanden habe … –
Wie durch Fragen ein Gespräch geöffnet werden kann

Wenn ich ein aufrichtiges Interesse am Kennenlernen der Ansichten meines Gegenübers habe und tatsächlich von ihm und mit ihm lernen möchte, kann der Einsatz von sogenannten Präzisierungsfragen sinnvoll sein, die eine pauschale Aussage nicht in Frage stellen, sondern sich für eine genauere Erläuterung interessieren.[110] Präzisierungsfragen sollen dazu dienen, den anderen besser zu verstehen, sie sind nicht einfach mit „Ja" oder „Nein" zu beantworten, sondern fordern eine komplexere Erläuterung ein. Hierzu einige Beispiele:

- Das ist eine Unverschämtheit von den Politikern. – *Was genau findest Du unverschämt?*
- Dieses Ergebnis hat fatale Konsequenzen. – *Für wen hat das Ergebnis fatale Konsequenzen?*
- Die Faulheit der Politiker sieht man am leeren Bundestagsplenum. – *Wieso hängt für Dich das eine mit dem anderen zusammen?*
- Hier hat die Politik versagt. – *Wie hätten sich die Politiker Deiner Ansicht nach verhalten sollen?*
- Politiker sind unfähig. – *Welche Fähigkeiten müsste denn ein Politiker haben?*
- Das ist ungerecht. – *Was wäre Deiner Ansicht nach hier gerecht?*

Problematisch kann natürlich sein, dass der Einsatz von Präzisierungsfragen als inquisitorische Befragung empfunden wird, dass der andere sich unter Rechtfertigungsdruck und damit möglicherweise auch bedroht fühlt. Hilfreich können hier sogenannte Weichmacher sein, die unser Interesse an den Gedanken des anderen zum Ausdruck bringen:[111]

- Ich bin neugierig, warum Du das so siehst.
- Ich bin mir nicht ganz sicher, wie ich es verstehen soll, wenn Du sagst: … Was genau meinst du damit?
- Ich überlege mir gerade, was genau findest Du so schlimm an dem konkreten Verhalten der Politiker?

Unbedingt beachten sollte man aber das folgende: Präzisierungsfragen und Weichmacher als reine Inszenierung unseres Interesses funktionieren nicht, da sie vom anderen als manipulativ wahrgenommen werden. Wenn wir uns nicht wirklich für den anderen und seine Ansichten interessieren und wir ihn nur in Sicherheit wiegen wollen um ihn anschließend darüber belehren zu können, was die Wahrheit ist, handeln wir darüber hinaus auch unredlich. Legitim ist es allerdings durchaus, Präzisierungsfragen auch im Rahmen einer bewusst konfrontativen Strategie zu wählen, um den anderen zu stellen, oder die Fragwürdigkeit seiner Überzeugungen offen zu legen. Das ist auch in öffentlichen Situationen sinnvoll, wo es explizit um Distanzierung geht (siehe unten). Bestandteil einer konfrontativen Strategie kann auch sein, bewusst neue Perspektiven einzubringen.

Was wäre denn die Konsequenz? –
Wie man neue Perspektiven einbringen kann

Eine Möglichkeit gegen Stammtischparolen zu argumentieren ist es, die Äußerung aufzugreifen und zu überlegen, welche Konsequenz es hätte, wenn die geäußerte Kritik ernst genommen würde. Beispielsweise könnte man auf das Statement „Politiker streiten andauernd." mit der Entgegnung reagieren, dass Politik ohne Streit schwer vorstellbar ist, dass es der Streit ist, der die Interessensunterschiede erkennbar macht und letztlich Voraussetzung für kreative Lösungen ist, die einen Ausgleich zwischen disparaten Interessen schaffen.

Oder man kann auf die Äußerung „Das ist ungerecht." damit reagieren, dass nicht nur gefragt wird, was denn gerecht wäre sondern auch damit, dass die Gründe für eine bestimmte Gerechtigkeitskonzeption dargelegt werden. Welche Argumente gibt es für Verteilungsgerechtigkeit, Bedürfnisgerechtigkeit oder Leistungsgerechtigkeit? Und wie kann Verfahrensgerechtigkeit garantiert werden?

Eine andere Möglichkeit ist explizit mit dem Werte- und Entwicklungsquadrat (siehe Kapitel 2) zu arbeiten. Auf ein politisches Beispiel angewendet: Häufig werden die Forderung nach mehr Einzelfallgerechtigkeit und zugleich der Wunsch nach weniger Bürokratie oder nach unbürokratischer Hilfe geäußert. Das hier bestehende Spannungsfeld ist vielen nicht bewusst.

Am Beispiel von Hartz IV lässt sich das für Politiker bestehende Dilemma jedoch gut veranschaulichen. Ohne bürokratische Prüfung des Einzelfalls lässt sich kaum feststellen, wer wirklich bedürftig ist. Demnach gibt es auf dem ersten Blick zwei problematische Alternativen: Die erste ist, dass man entweder im Einzelfall ungerecht ist, das heißt jemand erhält ungerechtfertigter Weise etwas oder ungerechtfertigter Weise nichts, oder es gibt, zweite Alternative, eine aufwendige bürokratische Einzelfallprüfung, die nicht nur Geld kostet, sondern auch für den Betroffenen eine Zumutung darstellt. Politik muss sich zwischen diesen beiden Alternativen nicht grundsätzlich entscheiden, sondern kann zwischen den beiden konkurrierenden Wertvorstellungen von Fall zu Fall abwägen und ggf. Gesetze nachjustieren, wenn die Balance nicht mehr stimmt. Bei einseitiger Orientierung an einem Wert droht sonst dessen entwertende Übertreibung (siehe Abbildung).

Werte- und Entwicklungsquadrat zum Spannungsfeld zwischen Einzelfallgerechtigkeit und unbürokratischer Verwaltung

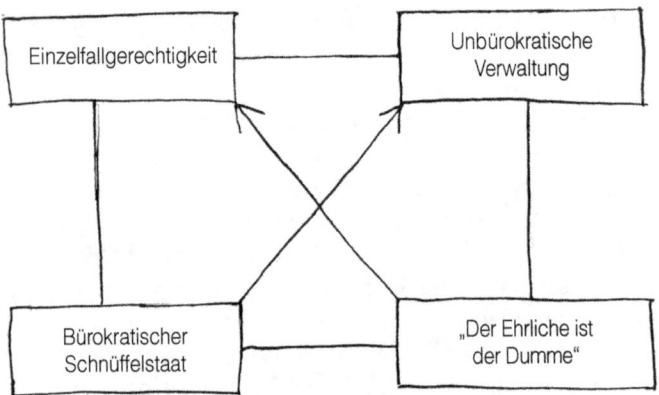

In politischen Alltagsgesprächen wird häufig eine der beiden oberen Seiten als positiver Wert gesehen und verabsolutiert. Der an sich gleichwertige Gegenwert wird dagegen nur in seiner Übertreibungsform gesehen und damit abgewertet. Das Werte- und Entwicklungsquadrat hilft, hinter der abgelehnten Übertreibungsform den an sich positiven Gegenwert zur eigenen Wertung zu sehen und damit die Verabsolutierung aufzuheben. In Konfliktsituationen wird durch das Erkennen von Dilemmata das Niveau gleichsam bildlich angehoben, indem nicht länger Positionen auf der unteren Ebene wechselseitig bekämpft werden, sondern das Bewusstsein für die notwendigen Spannungsfelder als Dilemma verinnerlicht wird. Dies sorgt für eine andere Diskussionskultur und die Möglichkeit gemeinsamer kreativer Entscheidungen im demokratischen Prozess.

Im konkreten Beispiel könnte man das Instrument so nutzen, dass man beispielsweise fragt: Was wäre denn die Konsequenz, wenn wir den bürokratischen Schnüffelstaat abschaffen, also überall entbürokratisieren? Und wie könnte man verhindern, dass in einem solchen Staat der Ehrliche der Dumme ist? Oder anders herum: Was folgt denn daraus, wenn der Staat alles daran setzt, das sich Ehrlichkeit lohnt und Unehrlichkeit bestraft wird? Und wollen wir wirklich einen Staat, der bis ins Detail bei uns herumschnüffelt, um sicherzugehen, dass wir auch garantiert ehrlich sind?

Mit dem Werte- und Entwicklungsquadrat lässt sich auch ein zentraler Konflikt zwischen politischen Grundpositionen, der konservativen („rechten") und der progressiven Position („linken") darstellen, was die grundsätzliche Berechtigung der jeweils anderen Richtung nachvollziehbar macht (siehe Abbildung).

Werte- und Entwicklungsquadrat zum Spannungsfeld
zwischen konservativer und progressiver Grundposition

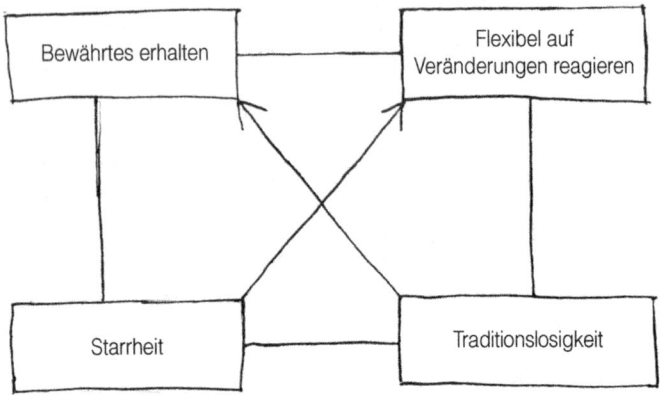

Eine solche Betrachtung löst natürlich nicht den Konflikt, ob in einer konkreten Situation eher die bewahrende oder eher die verändernde Position angemessener ist, aber sie schafft eine Grundlage für eine Auseinandersetzung, die eine grundsätzliche Akzeptanz der Grundposition des anderen beinhaltet.

Wichtig ist hier – wie bereits in Kapitel 2 dargestellt – die Machtperspektive nicht aus den Augen zu verlieren. Nur wenn eine Gleichwertigkeit der Machtverhältnisse gegeben ist, kann auch eine gleichwertige Akzeptanz der unterschiedlichen Positionen sinnvoll sein. Die Anschlussfrage zum obigen Wertequadrat muss deshalb lauten: Wer profitiert davon, Bewährtes erhalten zu wollen? Wer hat aufgrund seiner Privilegien überhaupt die Möglichkeit, die Alternativen wählen zu können? Welche Minderheit ist existentiell auf Veränderungen angewiesen und kann es sich gar nicht leisten, das Bewährte anzuerkennen, da sie dadurch weiter in ihrem Minderheitenstatus zementiert wird?

Aus systemkritischer Perspektive ist also bei aller Wertschätzung für Perspektivenvielfalt in der Demokratie immer zu fragen, wem diese Perspektivenvielfalt nützt und wen sie implizit (weiter) ausgrenzt. Dies leitet über zur Notwendigkeit angemessener Distanzierung von bestimmten Äußerungen.

Stopp! – Wann man sich distanzieren sollte und wie man dies wirkungsvoll hinbekommt

Und doch, bei allem Verständnis, es gibt Äußerungen, denen man nicht nur widersprechen möchte, sondern denen man explizit keinen Raum geben will. Präzisierungsfragen wären hier beispielsweise unangebracht, da sie gerade dem Anderen ermöglichen würden menschenverachtende Äußerungen weiter auszuführen. Hier empfiehlt sich dann eher die Strategie des „Notwendigen Distanzierens".

Beispielsweise ist die Äußerung „Alle Politiker gehören ins Arbeitslager." derart unangemessen, dass eine klare Distanzierung nötig ist.

Beim notwendigen Distanzieren[112] wird in drei Schritten vorgegangen:

- Ich wiederhole, was der andere mir gesagt hat, in eigenen Worten, und gebe ihm damit die Gelegenheit zur Klarstellung. Auf das obige Beispiel angewendet: „Habe ich Dich richtig verstanden, Du würdest Politiker wegsperren wollen? In ein Arbeitslager?" Möglicherweise wird der andere jetzt hier schon relativieren und lediglich sagen, dass er von Politikern enttäuscht sei. Dann könnte man das Ganze gegebenenfalls auf sich beruhen lassen. Vielleicht bestätigt der andere aber auch sein Statement oder wir sind tatsächlich der Auffassung, dass derartige Äußerungen nicht einfach so dahingesagt werden sollten. In beiden Fällen kommt Schritt 2.

- Ich sage meinem Gegenüber, welche Gefühle die Äußerung bei mir auslöst. Ich konfrontiere ihn mit meiner eigenen Position: „Mich ärgert es, wenn über eine Gruppe von Menschen derart abfällig gesprochen wird. Und ich halte die Forderung nach Arbeitslagern für völlig daneben." Es folgt Schritt 3.

- Ich distanziere mich von den Äußerungen und sage, was ich mir stattdessen wünsche: „Ich will so etwas nicht mehr hören. Wir können gerne über Politik und über Politiker reden. Aber ich werde solche Äußerungen niemals akzeptieren und unwidersprochen stehen lassen."

Die Interventionsmöglichkeiten gegen Stammtischparolen sind, wie ausgeführt, nicht nur Technik sondern basieren ganz wesentlich auf unserer Haltung. Dazu zählt gerade auch die Offenheit für Andersdenkende. Und es zählt der Mut dazu, sich seines eigenen Verstandes zu bedienen, was man durchaus trainieren kann.

4. Über den Mut, sich seines eigenen Verstandes zu bedienen – Training für Demokratie

In den vorhergegangenen Kapiteln ist bereits deutlich geworden, dass der Demokratie zahlreiche Dilemmata inhärent sind. Demokratie verstehen wir deshalb auch als einen immer neuen Versuch, angemessen mit dem Ausgleich unterschiedlicher Werte in einer pluralen Gesellschaft umzugehen, oder in verschiedenen Situationen jeweils neu zu entscheiden, welchem Wert in einem Dilemma jeweils mehr Bedeutung zugemessen wird.

Die Werte, von denen wir sprechen, werden von verschiedenen Individuen, kulturellen, religiösen, wirtschaftlichen und anderen Gruppen repräsentiert. Sie haben unterschiedliche Vorstellungen einer „guten Gesellschaft" und möchten ihre Wertvorstellungen umfassend oder zumindest teilweise repräsentiert sehen. Demokratie, die sich grundsätzlich der „Anerkennung des gleichen Rechts auf freie Entfaltung"[113] verpflichtet sieht, muss immer wieder diese Freiheit der Entfaltung und des Auslebens dieser unterschiedlichen Werte fördern.

Gleichzeitig bedeutet Demokratie aus dieser Perspektive, dass keiner dieser unterschiedlichen Werte in einer Gesellschaft als absolut betrachtet werden kann und Demokratie auch die Aufgabe hat, die Freiheit aller zu schützen, indem sie die absolute Durchsetzung einzelner Werte verhindert. Diejenigen Individuen oder Gruppen, welche den gesamten Rahmen der demokratischen Grundordnung abschaffen möchten, verweigern sich deshalb grundsätzlich der Entfaltung der Freiheit aller und spielen das demokratische Spiel nicht mit; sie erkennen das fundamentale Dilemma der Berechtigung und des Ausgleichs verschiedener Werte nicht an.

Anders formuliert: Demokratie bedeutet immer und gerade auch die Akzeptanz und sogar prinzipielle Unterstützung einer

Opposition. Einer Opposition zu den eigenen Werten, einer Hinterfragung des eigenen Wertehorizonts. Opposition verhindert Erstarrung eines festgefügten Wertekanons und öffnet im besten Falle kreative Wege der Weiterentwicklung der Gesellschaft insgesamt. Als „Stachel im Fleisch" verhindert sie Selbstgenügsamkeit. Der Kern des Politischen ist also die Bereitschaft zur immer neuen und auch konflikthaften Auseinandersetzung mit dem, was gerade nicht innerhalb unserer „Komfortzone" liegt. Am Stammtisch bleiben Menschen in aller Ruhe in dieser Komfortzone der eigenen Überzeugungen und schießen die Pfeile auf andere ab. Damit sind sie eigentlich überhaupt nicht „politisch" und „politisieren" auch nicht. Politisch zu denken und zu handeln bedeutet, die Kontingenz eigener Überzeugungen jederzeit zu bemerken und gleichzeitig bereit zu sein, im demokratischen Dilemma Entscheidungen zu treffen. Das erfordert Risikobereitschaft, Mut und das Annehmen von Freiheit ohne Rettungsanker im einzig Eigenen, vermeintlich Richtigen.

Dieses Kapitel ist eine Einladung. Eine Einladung, zunächst selbst einmal die bisherigen Anregungen zu überdenken und weiter zu denken. Dies wird die Gegebenheiten in der Demokratie natürlich nicht unmittelbar verändern; aber es ist die Möglichkeit, einmal die eigene Fantasie zu nutzen und jenseits von

Zwängen und Fakten (Stichwort ‚alternativlos') über den Teller-
rand zu blicken und sich selber zu inspirieren und zu motivieren,
neue Wege zu gehen. In diesem Kapitel sprechen wir Sie als
Leserin und Leser deshalb auch direkt an und laden Sie zu verschiedenen Reflexions-Übungen ein. Leitend ist dabei der immer
noch aktuelle Leitspruch der Aufklärung, wie ihn Immanuel
Kant formuliert hat:

> „Aufklärung ist der Ausgang des Menschen aus seiner selbstverschulde-
> ten Unmündigkeit. Unmündigkeit ist das Unvermögen, sich seines
> Verstandes ohne Leitung eines anderen zu bedienen. Selbstverschuldet
> ist diese Unmündigkeit, wenn die Ursache derselben nicht am Mangel
> des Verstandes, sondern der Entschließung und des Muthes liegt, sich
> seiner ohne Leitung eines anderen zu bedienen. Sapere aude! Habe
> Muth, dich deines eigenen Verstandes zu bedienen! ist also der Wahl-
> spruch der Aufklärung."[114]

In der Tat bedarf es des Muts und der Entschlossenheit, Politik
zu wagen, sich in Kontroversen einzubringen und auch konstruktive Beiträge zur Weiterentwicklung der Demokratie zu leisten, sich nicht anklagend zurück zu lehnen und hauptsächlich
Andere für Missstände verantwortlich zu machen. Und es bedarf
des Muts, dies ohne den Rückgriff auf Andere, deren vorgefer-
tigte und etablierte Meinungen, ohne Rückgriff auf Mehrheiten
oder Moden zu tun.
Damit laden wir Sie ein in das Reich der Utopie, der Überschrei-
tung des Existierenden. Das kann nach Ernst Bloch Antrieb sein:
„Utopie ist der unerledigte Traum nach vorn". Bloch – und das
ist in diesem Kontext interessant – wehrt sich jedoch gegen die
‚große Utopie', die wieder nur ein Gesamtsystem erstellen würde, welches einengt und fixiert. Das Fragmentarische des utopi-
schen Denkens, das in den Reflexionen angeregt wird, ist der
befreiende Moment der Grenzüberschreitung.
   Im Folgenden bieten wir Ihnen einige kleine Übungen zur
Erprobung einer ‚grenzüberschreitenden' Sichtweise auf Demokratie an. Wir haben in zahlreichen Trainings bestätigt bekommen, wie sich dadurch eine neue Haltung zur Demokratie ent-

wickeln kann. Damit werden bestehende Missstände nicht abgeschafft oder die Wahlbeteiligung dramatisch erhöht. Es besteht
jedoch die Chance, mit einer wertebasierten und konstruktiven
Haltung zu Demokratie, die die Förderung der Freiheit aller zum
Ziel hat, wesentlich konstruktiver und auch kreativer über politische Entwicklungen zu denken, als dies die negativ und oft
fatalistisch geprägten Stammtischparolen tun. „Alternativlosig-
keit", ein oft von Politikern selbst verwendetes Wort, ist aus
dieser Perspektive zu Demokratie ein Begriff, der in seiner
Schlagkraft an Bedeutung verliert.

Bequem ist es sicher nicht, so über Politik und Demokratie
zu denken, die Komplexität demokratischen Handelns zu berücksichtigen und zu erkennen, dass es keine einfachen, schnellen und „alternativlosen" Lösungen gibt. Gleichzeitig werden Sie
neue Möglichkeiten sehen, selber auf wertschätzende und konstruktive Art und Weise über Politik nachzudenken. Sie werden
erkennen, dass es eine Bereicherung ist, das im vorigen Kapitel
erwähnte Grizzly-Programm, manche Vereinfachungen und stillschweigende Annahmen über Gegebenheiten und Begrenzungen
hinter sich zu lassen. Sie werden merken, dass neue Ideen in
Ihrem Umfeld bereits Änderungen hervorrufen können.

Reflexion 1

Nicht einfach nur ablehnen – Wie man das Richtige im vermeintlich Falschen entdeckt

oder: ist das Glas halb leer oder halb voll –
Übung in Wertschätzung

Sehr oft ist die Diskussion über gesellschaftliche Verhältnisse geprägt vom Defizitansatz. Dies führt dazu, immer auf das zu sehen, was nicht funktioniert, zudem wird das Verhalten der Anderen sehr schnell als Grund und Ursache für Fehlentwicklungen interpretiert. Lösungsvorschläge orientieren sich häufig an Forderungen und Programmen, die „gemacht werden könnten, wenn die anderen es nur endlich begreifen würden". Dementsprechend werden Negativbotschaften vermittelt. Das Sprechen über Politik, die Berichterstattung in den Medien und nicht zuletzt der Zwang von Politikern, Dramatisierungen zu inszenieren, orientieren sich an Defiziten. Defizitorientiertes Denken und Handeln fokussiert immer auf das, was eben nicht funktioniert; dabei wird davon ausgegangen, dass es eine Vorstellung davon gibt, wie es eigentlich sein sollte. Oder, auch nicht so selten, dass es doch so sein sollte, wie es schon einmal war, früher, woanders, in einem imaginierten Land ohne diese Probleme. Das bedeutet also, dass die Perspektive der Defizite eine ist, die sich im „nachsorgenden Modus" befindet. Das Kind ist ja schon in den Brunnen gefallen, und nun soll es wieder herausgeholt werden. Demokratisches Denken erschöpft sich gerade auch am Stammtisch in der Abhandlung von Problembergen, die endlich einmal abzuarbeiten wären.

So wird Politik alternativlos und es entsteht eine Haltung des Fatalismus und der versperrten Sicht angesichts all der Dinge, die nicht funktionieren.

Eine andere, wertschätzende Perspektive[115] geht von einem anderen Gesellschaftsverständnis aus, von dem, was funktioniert und was als Basis für eine Weiterentwicklung dienen kann. Diese Perspektive sollte nicht mit „Positivem Denken" oder einer rosa Brille verwechselt werden, die Probleme einfach negiert. Vielmehr kann der Blick auf das halb volle Glas, befreiend wirken und den Blick öffnen für eigenständiges Weiterdenken. Wenn sich der Fokus auf das richtet, was in der Demokratie und im politischen Betrieb (vielleicht auch nur beispielhaft) funktioniert, kann eine Utopie einer Gesellschaft entstehen, in der dies umfassend verwirklicht wäre. Dabei wird deutlich: das Vorhandene ist nicht zementiert, es gibt Möglichkeiten, den Status quo zu verändern. Die Kraft der Ideen ist ein Beitrag zur Weiterentwicklung der Demokratie.

Leitfragen zur Selbstreflexion: Schreiben Sie fünf konkrete Beispiele aus den letzten Jahren auf, von denen Sie sagen würden, dass sie zeigen, wie die Demokratie gut funktionieren kann. Welche Ressourcen und Schätze zeigen sich in unserer Demokratie? Überlegen Sie, ob Sie die Handlung eines Politikers, eines Bürgers, einer gesellschaftlichen Gruppe, eine Gerichtsentscheidung, eine Gesetzgebung kennen, die Sie gut und umfassend demokratisch fanden. Wenn Sie die fünf Dinge aufgeschrieben haben, überlegen Sie, wie solches Handeln umfassend in unserer Demokratie verankert werden könnte. Träumen Sie, stellen Sie sich ein innerliches Bild vor: wie würde unsere Gesellschaft aussehen, wenn Ihre guten Beispiele umfassend in unserer Demokratie verankert wären? Beschränken Sie sich nicht auf das Existierende, seien Sie kreativ und frei, etwas Neues zu erträumen!

Wenn Sie Ihre Sichtweise in dieser Richtung verändern, werden Sie bemerken: Sie werden sich weniger an Daten und Fakten orientieren, sich weniger in mehr oder weniger niveauvoller Analyse der Dinge erschöpfen. Sie werden wegkommen von einem „alternativlosen" Denken in den Kategorien des Richtigen und

Falschen. Stattdessen werden Sie darüber nachdenken, wie die innergesellschaftlichen Strukturen in Richtung „mehr Demokratie" weiterentwickelt werden können. Ein lebendiges Bild mit wichtigen Werten entsteht.

Fokussieren Sie nicht auf die technischen Aspekte der Umsetzung, monetäre Begrenzungen oder zeitliche Limitierungen. Demokratie wird durch Menschen gestaltet, die in Freiheit gestalten können.

Leitfragen zur Selbstreflexion: Wie sieht Ihr ‚idealer Politiker' aus? Welche Eigenschaften kennzeichnen sie oder ihn? Schreiben Sie 3-5 Kriterien dafür auf. Was ist Ihnen das Wichtigste, wenn Sie sich einen/n ideale/n Politiker/-in vorstellen? Es ist manchmal gar nicht so einfach, diese Erwartungen klar zu formulieren – vielleicht bemerken Sie auch widersprüchliche Erwartungen.

Überlegen Sie weiter: kennen Sie jemanden aus Ihrem Bekanntenkreis, eine Berühmtheit, eine/n Politiker/-in, welche/r diese Kriterien erfüllt? Was treibt sie oder ihn an? Was bewundern Sie an dieser Person?

Betrachten Sie die Ebene der Bürger: Welche Verantwortung haben aus Ihrer Sicht Bürgerinnen und Bürger für ihre Demokratie?

Gibt es auch so etwas wie einen idealen Bürger? Welche Eigenschaf-ten sollte dieser haben? Nun sind Sie selber dran: was von einem idealen Bürger möchten Sie selber in Ihrem Leben verwirklichen? Was davon kann dazu beitragen, dass Sie Ihrer Vision einer demo-kratischen Gesellschaft näher kommen?

Diese erste Übung zur Entwicklung einer neuen Haltung der Demokratie gegenüber kann dazu anregen, eine „Kultur der Wertschätzung" zu entwickeln. Sie werden vielleicht feststellen: Probleme verschwinden nicht, aber das Vertrauen in die Gestal-tungsmöglichkeiten der Gesellschaft steigt. Und damit steigt auch das Vertrauen in die eigene Rolle als wichtigem Bestandteil der Demokratie.

Reflexion 2

Denken in Dilemmata –
Wie man Politik differenziert wahrnehmen kann

Das Prinzip der Wertequadrate haben Sie ja bereits kennen gelernt. In dieser Übung können Sie es für sich selbst erproben und
damit arbeiten, um wieder Ihre konstruktive Haltung gegenüber
Demokratie und ihren Dilemmata zu fördern. Sie kennen vielleicht das Phänomen, dass wir oft das in Anderen ablehnen, was
eigentlich in uns selbst steckt. Wir lehnen auch häufig das in
Anderen ab, was wir heimlich eigentlich gerne selbst in unserem
Leben verwirklichen möchten, es aber nicht schaffen so zu leben.
Wir lehnen z. B. jemanden ab, der sehr unordentlich ist und
bewundern ihn doch heimlich dafür, nicht so von Ordnungs-
zwängen wie wir selbst getrieben zu sein und in der Unordnung
gelassen leben zu können. In der Ablehnung Anderer legitimieren wir unsere eigenen Werte. Auf die gesellschaftliche Ebene
übertragen kann dies bedeuten, dass wir Politiker verächtlich
machen oder über den politischen Betrieb schlecht reden, weil
wir in uns selbst auch keine Bereitschaft und Antrieb finden,
gesellschaftliche Verantwortung zu übernehmen. Oder wir träumen eigentlich davon, auch richtige „Macher" zu sein und schaffen es doch nicht in unserem Leben, sind zu ängstlich, die Freiheit der Gestaltung selbst in die Hand zu nehmen – da ist es
einfacher zu behaupten, dass das „alles sowieso nicht funktioniert". Probieren Sie selber einmal aus, was hinter dieser Sichtweise steht und wie sie Ihr Denken in Ablehnungskategorien
verändern kann.

Vorbereitung: Malen Sie sich ein „leeres" Wertequadrat mit den Pfeilen der Übertreibungsform und der Entwicklungswege auf ein Blatt Papier.

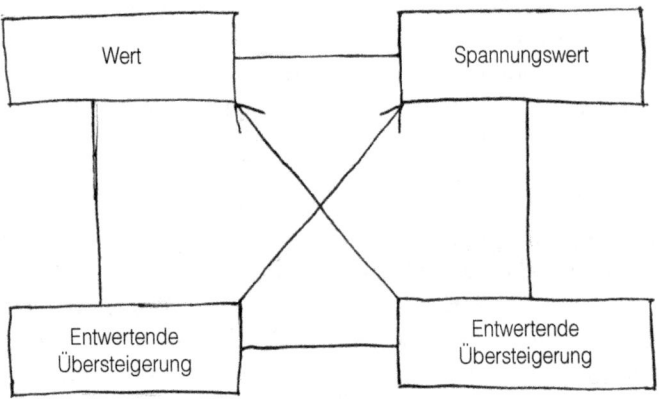

Abbildung: Werte- und Entwicklungsquadrat

Teil 1: Überlegen Sie, was Sie an einem Menschen den Sie kennen, stört. Versuchen Sie, dafür einen passenden Begriff zu finden, der dies auf den Punkt bringt. Schreiben Sie diesen Begriff unten rechts in das Wertequadrat. Nun überlegen Sie, was Sie sich stattdessen von dieser Person wünschen würden. Welchen positiven Gegenwert würden Sie gerne verwirklicht sehen? Schreiben Sie diesen Begriff oben links in das Wertequadrat. Dieser Wert oben links ist wahrscheinlich auch einer, den Sie für sich in Anspruch nehmen. So zeigt sich schon grafisch: Sie sehen sich oben, den oder die Andere/n unten. Jetzt überlegen Sie, was passiert, wenn Sie Ihren Wert oben links übertreiben, ihn absolut setzen. Schreiben Sie ihn unten links in das Wertequadrat. Vielleicht wird Sie so jemand Anderes sehen, der Ihre Wertvorstellungen ablehnt. Nun fehlt noch der letzte, positive Gegenwert oben rechts. Überlegen Sie: welcher positive Wert, welches legitime Bedürfnis mag hinter dem stecken, was Sie am Anderen ablehnen? Im besten Falle haben Sie nun vier Begriffe gefunden, die zueinander passen, zwei positive Werte, die in ausgehaltener Spannung stehen und zwei Übertreibungsformen.

Wenn Sie ein solches Wertequadrat oder auch mehrere versucht haben, passiert eine wichtige Veränderung: Der Konflikt, den Sie mit der Meinung des Anderen haben, nimmt eine neue Qualität an. Sie bleiben im Konflikt und lehnen die Position des Anderen ab; sie erkennen jedoch an, dass jeder sich prinzipiell so entfalten kann, wie er oder sie möchte auch und gerade, wenn es Ihnen selber nicht gefällt. Sie trennen die Ablehnung der Position von der Ablehnung der Person und können dadurch besser in einen konstruktiven Dialog eintreten.

Und Sie begreifen, dass möglicherweise andere Menschen Sie auch in der Übertreibung eines Wertes sehen, was Sie für sich natürlich selber nicht so in Anspruch nehmen würden. Sie erkennen, dass es wertvoll ist, dass es andere Menschen gibt, die einen positiven Gegenpol zu Ihren eigenen Werten darstellen. Sie mögen in Ihrem Leben eine Seite des Wertedilemmas stärker leben, andere haben eine andere Entscheidung getroffen. Natürlich ist es komfortabler, einfach die andere Person insgesamt abzulehnen – stattdessen müssen Sie sich mit Ihren eigenen inneren Dilemmata und Widersprüchen auseinandersetzen. Gleichzeitig kann auch dies wieder dazu führen, in Konflikten mit Anderen den Ablehnungsmodus zu verlassen und eine Haltung der Wertschätzung für Wertevielfalt zu entwickeln. Im Kleinen kann es so gelingen, in Konflikten mit Anderen demokratischer umzugehen und gemeinsam zu überlegen, wie die Vielfalt der Werte und unterschiedlicher Lebensentwürfe gleichermaßen Berücksichtigung finden kann. Durch das Wertequadrat merke ich: nicht nur meine Lebenswerte und -wege sind die einzig Richtigen, auch andere Menschen handeln aus ihrem Wertesystem heraus konsistent und können uns Alternativen für unser eigenes Leben aufzeigen. Demokratie im Kleinen heißt hier Gestaltung unseres Miteinanders in Freiheit und wird damit wieder ein kreativer und schöpferischer Prozess. Im zweiten Teil der Übung werden Sie diese Erkenntnisse auf die Gesellschaft und die Demokratie übertragen.

Teil 2: Gehen Sie nun wie im ersten Teil der Übung vor, nur überlegen Sie zunächst eine Sache, die Sie an unserer Demokratie wirklich stört. Versuchen Sie wieder, das mit einem Begriff oder einem knappen Satz auf den Punkt zu bringen. In den vorherigen Kapiteln haben Sie bereits zahlreiche Beispiele kennen gelernt – bleiben Sie bei sich und überlegen Sie ernsthaft, was Sie wirklich stört. Schreiben Sie diesen Begriff in ein leeres Wertequadrat rechts unten, suchen Sie dann nach dem positiven Gegenbegriff oben links: wie wünschen Sie es sich, wie sollte es eigentlich sein? Dann setzen Sie diesen Wert wieder absolut, schreiben Ihn unten links in das Wertequadrat und suchen schließlich den positiven Wert – also das, was möglicherweise ernsthaft hinter dem steht, was Sie ablehnen.

Üben Sie ruhig öfter – manchmal werden die Begriffe noch nicht optimal zusammen passen – es kommt vor allem darauf an, dass Sie für sich Wertedilemmata finden, die Ihnen einen Mehrwert bieten und die Ihre Haltung der Wertschätzung gegenüber den Dilemmata der Demokratie fördern. Das mag sicher nicht so einfach sein, gerade wenn der abgelehnte Begriff etwa Radikalismus, Korruption oder Verachtung ist. Hier müssen Sie ‚Übersetzungsarbeit‘ leisten: die Alternative für Radikalismus könnte heißen: ‚für eine Sache unbedingt und klar einstehen'. Bei Korruption könnte es je nach Fall ‚auf stabile Netzwerke zurückgreifen' bedeuten. Bei Verachtung möglicherweise ‚kritische Distanz'. Wichtig ist: dieses Vorgehen bedeutet keinerlei Legitimation der abgelehnten negativen Positionen! Es gilt oft genug, diesen klar entgegen zu treten. Gleichzeitig entstehen ein differenzierteres Bild und eine Klarheit darüber, aus welchen Motiven und Strömungen möglicherweise problematische Übertreibungsformen entstanden sind.

Sie können dieses Vorgehen jetzt auch gut in der Begegnung mit Stammtischparolen einsetzen und sich fragen, wie es denn idealerweise sein sollte und welche positive Bedeutung dem zunächst abgelehnten Begriff zukommen könnte.

Reflexion 3

**Hinter die Positionen blicken – Wie man die Bedürfnisse
der Beteiligten identifiziert und kreativ mit ihnen umgeht**

Nachdem Sie mithilfe der Wertequadrate die Gleichwertigkeit
unterschiedlicher Positionen (immer – und dies ist entscheidend
– solange sie sich im Rahmen des demokratischen Konsens be-
wegen) reflektiert haben, geht es nun darum, mit dieser Unter-
schiedlichkeit kreativ umzugehen. Denn es mag ja sein, dass
unser Gegenüber eine genauso berechtigte andere Position hat
– und dann sind wir schnell bei dem, vermeintlich besten Mittel,
eine demokratisch legitimierte Entscheidung herbeizuführen:
‚Man kann es natürlich nicht jedem Recht machen, also lasst uns
abstimmen!'. Das Mehrheitsprinzip ist für uns ein wesentlicher
Bestandteil von Demokratie.

Mehrheitsentscheide sind legitim, führen aber immer wieder
zu folgenden Problemen: Wer hat die Macht, eine quantitative
Mehrheit zu organisieren? Mit welchen Mitteln geschieht dies?
Wie soll mit der unterlegenen Minderheit umgegangen werden?
Wird sie sich, wenn sie strukturell immer wieder in der Minderheit ist, radikalere und ggf. gewaltsame Wege suchen, ihre Interessen durchzusetzen? Wie wird sichergestellt, dass die Abstimmung mit dem eigentlichen Thema verknüpft ist und nicht dazu
dient, bestimmte Personen an den Rand zu drängen oder eigentlich nur ‚Recht haben' zu wollen? Warum ist eine quantitative
Mehrheit und nicht eine (wie auch immer geartete) qualitative
Mehrheit das, was ‚zählt'? Wie sieht es mit der Legitimität quantitativ unterlegener Positionen aus?

Manchmal mag es auch sein, dass eine Abstimmung per
Mehrheit nicht möglich ist, dann werden Kompromisse ausge-
handelt oder ‚Pakete geschnürt': ‚Verzichtest Du auf das, dann
bin ich bereit, das von mir zu geben'. Hier stellt sich erstens die

Frage, ob der Kompromiss *fair* oder *faul* ist: was bedeutet ‚gleicher Verzicht'? Gilt das quantitativ? Je nach Interesse oder Legitimität der eigenen Position? Zweitens vermitteln Kompromisse, die oft genug in der Politik zu beobachten sind, ein nicht sehr motivierendes Bild demokratischer Möglichkeiten: Verzicht, Einschränkung, Abstriche machen, Mittelmaß, kleinster gemeinsamer Nenner sind nur einige der Vokabeln, die nicht unbedingt dazu ansporn, Demokratie als Möglichkeit sinnvoller Zukunftsgestaltung zu verstehen.

Die beiden Vorgehensweisen Kompromiss und Mehrheitsentscheid sind natürlich demokratisch und sollen nicht diskreditiert werden – jedoch vernachlässigen sie bewährte Möglichkeiten, mit unterschiedlichen Positionen umzugehen.

Im Nachfolgenden können Sie mithilfe eines 5-Schritte-Modells[116] einüben, Demokratie als einen kreativen Prozess zu erkennen und Konflikte als Chance für innovative Gestaltung zu sehen.

Denken Sie an eine konkrete politische Entscheidung, die in Ihrem Umfeld ansteht. Das kann die Umgehungsstraße, der Bau eines Krankenhauses oder die Nutzung leerstehender Kasernen oder etwas Ähnliches sein. Politische Entscheidungen sind mit Konflikten und dem Ringen um verschiedene Positionen verbunden.

Nun zeichnen Sie sich folgendes Schema[117] auf und schreiben auf die Spitzen der beiden Pyramiden die zwei wichtigsten Positionen im Konflikt um die Entscheidung. In den folgenden Schritten werden Sie versuchen, das ‚Eigentliche' des Konflikts zu erkunden. Oft finden Konflikte um politische Entscheidungen in ungleichen Machtkonstellationen statt, in einem Kampf um die besseren Argumente, in einer Dynamik des Siegens und Verlierens. Dies alles – und das ist wichtig – hat seine Berechtigung in der Demokratie. Doch hinter dieser Dynamik stecken oft andere und verborgene Bedürfnisse nach Anerkennung, Wertschätzung oder aber das Gefühl von Enttäuschung. Wenn wir diese in den Blick nehmen, besteht die Chance, ein verengtes Entweder-Oder Denken zu vermeiden und die kreative Komponente von Demokratie zur Geltung zu bringen.

Positionen in einer Entscheidung	Position A: ⚡	Position B:

Hinter den inhaltlichen Positionen
liegende Wertvorstellungen

Überschneidungsbereich:
Mögliches gemeinsames
(Teil-)Anliegen, das für
beide Wertvorstellungen gilt

Existentielle Bedürfnisse,
die Inhalten und Werten
zugrunde liegen

Versuchen Sie nun, die zwei zentralen Positionen im politischen Entscheidungskonflikt in ‚Werte' zu übersetzen. Was ist das Eigentliche, um das es jenseits der inhaltlichen und rationalen Argumente geht – was betrachtet jede Seite als das Wichtige und Wertvolle an der eigenen Position? Tragen Sie diese Werte unterhalb der Positionen ein. Gehen Sie nun einen Schritt tiefer: Gibt es etwas zwischen diesen Werten, das sich überschneidet? Wie würden Sie das bezeichnen? Da entdecken Sie, dass Sie und Ihr Gegenüber eine gemeinsame Vorstellung von erstrebenswerter Gesellschaftsordnung teilen, deren Realisierung aber mit unterschiedlichen Werten verbinden.

Schreiben Sie dies in Form eines (teilweise) geteilten Anliegens in die Mitte des Schemas. Jetzt gehen Sie noch einen Schritt weiter: auf der existentiellen Ebene sind wir alle Menschen. Viele Wissenschaftler kamen zu dem Untersuchungsresultat, dass es auf dieser Ebene einige gemeinsame Grundkonstanten menschlichen Lebens gibt. Die zwei fundamentalen Grundbedürfnisse eines jeden Menschen sind: Eingebundensein und Autonomie. Das bekannte Harvard-Konzept der Verhandlungsführung[118] unterteilt diese zwei Pole in fünf existentielle Grundbedürfnisse:

1. Selbstbestimmung
2. Anerkennung
3. Zugehörigkeit
4. Sicherheit
5. ökonomisches Auskommen

Nun überlegen Sie: welchem oder welchen dieser Grundbedürfnisse können Sie die beschriebenen Grundbedürfnisse oben zuordnen? Vielleicht geht es Ihnen sowie Ihrem Gegenüber gleichermaßen um Anerkennung und Wertschätzung? Vielleicht ist Ihnen Sicherheit wichtig, drückt sich jedoch ganz unterschiedlich aus. Notieren Sie, welche Grundbedürfnisse Sie auf der unteren Ebene sehen.

Mit diesem Vorgehen haben Sie den weiten und ungewöhnlichen Weg einer neuen Auseinandersetzung mit Demokratie zurückgelegt. Statt mit vermeintlich unvereinbaren Positionen per Mehrheit oder Kompromiss umzugehen, haben Sie sich auf das besonnen, was Demokratie ja ursprünglich will: die Regelung des gesellschaftlichen Zusammenlebens, sodass es für alle Menschen befriedigend sein kann. Es kann sein, dass Sie bereits mit diesem Schritt erkennen, dass Sie und Ihr Gegenüber nicht so weit voneinander entfernt sind.

Vielleicht bleiben Sie auf der oberen Eben trotzdem bei Ihrer Position und Ihrem Grundwert, doch haben Sie durch diesen Schritt 1 eine neue Haltung gewonnen. Und können nun mit der Situation des Konflikts grundlegend anders fort fahren.

Schritt 2: Kreativ werden
Mit der Vorbereitung durch Schritt 1 öffnet sich die Tür zu einem konstruktiven und kreativen Vorgehen im Konfliktfall. Mit der Haltung, die Sie gewonnen haben, werden Sie sich nicht mehr mit immer neuen Argumenten ‚ausstatten‘ müssen, um Ihr Gegenüber von der Richtigkeit Ihrer Positionen und Wertvorstellungen zu überzeugen. Das Denken in den Kategorien richtig/falsch weicht der gemeinsamen Suche nach dem, was für die Beteiligten in einem Konflikt hilfreich ist.

Hinterfragen Sie in diesem Schritt konstruktive (und ggf. gemeinsam mit Ihrem Gegenüber) alle stillschweigenden Annahmen, die Sie möglicherweise im Kopf haben. Schreiben Sie ohne Schere im Kopf alle Ideen auf, die Ihnen zu den folgenden Fragen spontan kommen:

- *Wie sähe es aus, wenn die Situation, in der der Konflikt stattfindet, grundlegend verändert würde?*
- *Wie sähe es aus, wenn die unterschiedlichen Wertvorstellungen nicht gleichzeitig, sondern zeitlich gestaffelt verwirklicht werden könnten könnten?*
- *Wie sähe es aus, wenn Geld keine Rolle spielte?*
- *Was wäre ein unerwartetes, überraschendes Vorgehen?*
- *Was können Sie selber tun, um gemeinsam voran zu gehen?*
- *Wen könnten Sie für eine gemeinsame Idee gewinnen?*
- *Was würden Sie am liebsten tun, worauf hätten Sie richtig Lust?*

Mit diesem Schritt 2 kann es gelingen, motivierende Zukunftsbilder für die demokratische Gestaltung unserer Gesellschaft zu gewinnen. Oftmals tun sich unerwartete Wege auf, weil stillschweigende Annahmen und erlernte Denkmuster überwunden werden. Hier wird auch der andere Ansatzpunkt demokratischer Entscheidungsfindung deutlich. Am Beispiel einer Gemeinderatsentscheidung wäre es ebenfalls möglich, gemeinsam ein paar Schritte zurück zu treten, die unterschiedlichen Wertvorstellungen zu sammeln, zu überlegen wo Schnittmengen und existen-

tielle Bedürfnisse gemeinsam sind. Diese können visualisiert werden und erst dann gemeinsam in einem zweiten Schritt überlegt werden, wie eine kreative Lösung für alle aussähe. Immer noch können Unvereinbarkeiten bestehen und es gelingt nicht zu einer für alle befriedigenden Lösung zu kommen.

Schritt 3: Kompromisse finden
Nun kommt der Kompromiss, den Sie bereits als Königsweg demokratischer Entscheidungsfindung kennen gelernt haben. Sie können natürlich feststellen, dass Sie auch mit diesem Schritte-Modell wieder dort landen – doch sicher mit einer anderen Grundhaltung und einem Bewusstsein größerer gemeinsamer Verantwortung. Überlegen Sie, wie ein wirklich gerechter Kompromiss aussehen würde: was bedeutet es, dass eigene Wertvorstellungen und vielleicht sogar existentielle Bedürfnisse gleichmäßig eingeschränkt werden? Beachten Sie Macht und Privilegien der jeweiligen Konfliktparteien: jemand, der mit Geld und Macht ausgestattet ist, kann leichter Kompromisse eingehen als jemand, der mittellos in einer schwierigen ökonomischen Situation ist. Was bedeutet Verzicht in der jeweiligen Situation und wie kann dieser fair gestaltet werden? Wie kann vermieden werden, dass hauptsächlich die auf etwas verzichten, die sich nicht

wehren können? Welchen Stellenwert haben bestehende Privilegien (von Herkunft, Reichtum, Bildungsschicht)? Welche sollen bestehen bleiben, welche müssen beseitigt werden, wenn gute Kompromisse erreicht werden sollen?

Schreiben Sie sich Gedanken zu diesen Fragen anhand Ihres Beispiels auf!

Sie haben sicher bemerkt, dass auch die Frage des Kompromisses eine ist, die bei einer wertorientierten Betrachtung der Demokratie große und existentielle Fragen aufwirft. Gute Kompromisse zerren am Wunsch, möglichst nur nach eigenen Vorstellungen zu leben – und doch können sie sehr befriedigend sein, wenn deutlich wird, dass mit ihnen tatsächlich gesellschaftlicher Mehrwert geschaffen wird.

Nun gibt es natürlich auch Güter und Ressourcen bzw. wertorientierte Konflikte, bei denen es nicht möglich ist, Kompromisse zu schließen. Große Bauvorhaben sind ein Beispiel, das sich in jüngster Zeit in vielen gesellschaftlichen Diskursen wieder findet. Dies kann auch der Fall sein, wenn es um die personelle Besetzung bestimmter Ämter geht (wie auch hier gleichwohl kreative Optionen von Doppelspitzen, Rotationsverfahren und Ähnlichem erprobt worden sind). Dann ist ein Mehrheitsentscheid direkter oder repräsentativer Art nötig.

Schritt 4: Mehrheitsentscheid
Überlegen Sie, wie ein Mehrheitsentscheid in Ihrem Beispiel aussähe: Wer soll entscheiden, wer wird an der Entscheidung beteiligt? Wie möchten Sie mit der unterlegenen Minderheit umgehen? Welche Optionen würden Sie zur Wahl stellen? Was bieten Sie einer Minderheit an, die unterlegen sein wird? Wie bindend ist der Mehrheitsentscheid?

Schreiben Sie auch hier Ihre Ideen auf, um den Mehrheitsentscheid gut vorzubereiten.

Mehrheiten entscheiden in vielen Fällen in unserer Gesellschaft über Konfliktsituationen. Gleichzeitig ist unsere Demokratie ein Repräsentativsystem, das in nachgelagerten Schritten oder auch abgekoppelt von Wahlen einzelne Positionen und Personen mit der Autorität legitimiert, in Vertretung für Andere Entscheidungen zu treffen. So gibt es eine ‚Richtlinienkompetenz‘ der Bundeskanzlerin, die eigenständig die grobe Zukunftsgestaltung unserer Gesellschaft festlegen kann. Eine auf Autorität basierende Entscheidung ist immer dann auch im demokratischen Gefüge sinnvoll, wenn die Gefahr droht, dass populistische Entscheidungen aufgrund von gesellschaftlichen Stimmungen zu Ausgrenzung oder Benachteiligung einzelner Gruppen führen würden. Fachexperten und Beratungsgremien haben hier ihren Platz, um Erkenntnisse jenseits von Alltagswissen in den demokratischen Prozess einzuspeisen. Wenn es um existentielle Werte geht, die in konflikthafter Auseinandersetzung stehen, wird auch und immer öfter das Bundesverfassungsgericht angerufen, um eine letzte Entscheidung zu treffen. Gleichzeitig ist es natürlich oft schwierig zu entscheiden, ob nicht gerade eine auf Autorität basierende Entscheidung im Zweifel eigene Privilegien weiter ausbaut und damit auch zu undemokratischen Tendenzen führen kann.

Schritt 5: Auf Autorität basierende Entscheidung
Nun sind Sie bereits beim fünften Schritt angekommen. Überlegen Sie, wer aus Ihrer Sicht eine Entscheidung treffen sollte. Wie würden Sie die Legitimation dieser Rolle, Position oder Person beschreiben? Wer könnte noch darüber entscheiden? Wie könnte kontrolliert werden, dass hier kein Missbrauch von Autorität stattfindet?

Mit diesen fünf Schritten haben Sie ein Modell zur demokratischen Entscheidungsfindung kennen gelernt, das Ihnen ein Angebot macht, Demokratie in ihrer Qualität und Tiefe umfassend zu verstehen. Es ist eine Vorgehensweise, mit der das, was am Stammtisch unter Politik verstanden wird, qualitativ erweitert wird. Wolfgang Sander formuliert in seinem Buch mit dem bezeichnenden Titel: „Politik entdecken – Freiheit leben" verschiedene Zonen des Politischen, mit denen der Kern von Politik deutlich wird: Von der Oberfläche alltäglicher Politikwahrnehmung, die von schnellen Meinungen, Auseinandersetzungen, Personalisierungen und Zuspitzungen geprägt ist, wird über die mittlere Ebene wertorientierter gemeinsamer Anliegen schließlich der Kern dessen deutlich, was Politik ausmacht; eine menschliche Aufgabe, das eigene Lebenskonzept und das gesellschaftliche Zusammenleben in seiner gesamten Existenz in den Blick zu nehmen.[119] Wenn dies auch am Stammtisch verdeutlicht werden kann, können die eigentlichen Anliegen von Politik, die sich hinter Stammtischparolen verbergen, deutlicher werden und Ausgangspunkt für gemeinsame Suche nach Veränderungen sein.

Diese Betrachtungsweise ist kein Rezept, um quasi automatisch gesellschaftliche Konflikte zu lösen. Gleichzeitig kann sie ein Beitrag dazu sein, eine demokratische Kultur wieder zu entdecken und mit eigener Motivation und Kreativität darüber nachzudenken, welche Gesellschaft für das Zusammenleben aller Menschen erstrebenswert ist.

Reflexion 4

**In den Dialog gehen –
Wo man über Politik streiten kann**

Das Leben des Alltags ist einer Flut von Informationen, persönlichen und beruflichen Begegnungen, formellen und informellen Gesprächsanlässen, beiläufigen Begegnungen und spontanen, automatisch ablaufenden eigenen Gedankengängen ausgesetzt. Unterschiedliche innere und äußere Dialoge finden statt. Es ist ein Beitrag zur demokratischen Kultur, sich dessen bewusst zu werden und zu entscheiden, wo eigene Standpunkte vertreten werden müssen und wo Dialog mit anderen Standpunkten sinnvoll ist.

Setzen Sie sich am Abend einmal mit der folgenden Tabelle an den Tisch und reflektieren Sie Ihren ganz normalen Tagesablauf.

Ein Tag der politischen Dialoge

Gesprächsanlass	Politische Themen	Dialogoptionen	Sackgassen
1.			
2.			
3.			
4.			
....			

Überlegen Sie und tragen Sie in die Tabelle ein, welche Gesprächsanlässe es heute für politische Themen gegeben hat. Wem sind Sie begegnet, welche Orte, Situationen hat es gegeben, wo Sie auf ein politisches Thema einsteigen hätten können? Wo gab es Situationen, wo Sie selbst etwas innerlich gedacht, gewertet, beurteilt haben, es aber nicht ausgesprochen haben? Wo hat Sie etwas im gesellschaftlichen Zusammenleben gestört oder auch positiv überrascht? Mit wem hätten Sie darüber reden können?

Denken Sie nicht nur an die ‚große Politik' – auch Begegnungen im Büro, mit Hierarchien, in Kindergarten und Schule, im öffentlichen Verkehr können Anlässe sein, um etwas über die Gestaltung gesellschaftlichen Zusammenlebens zu erfahren. Auch Begegnungen in Familie und Partnerschaft gehören dazu.

Wenn Sie eine Reihe von Anlässen notiert haben, überlegen Sie mit Ihrem bisherigen Wissen, wie Sie konstruktiv in einen Dialog eintreten hätten können, um über politische Themen zu ‚streiten'. Was würden Sie konstruktiv antworten, formulieren als einen ersten Satz?

Notieren Sie gleichzeitig, was Sackgassen in diesem Dialog sein könnten – diese können dem Thema, aber auch der Zeit oder der Situation geschuldet sein.

Sehen Sie sich nun die Anlässe und Möglichkeiten an – Sie werden feststellen, dass es innerhalb eines Tages eine Menge an Anlässen gibt oder gäbe um über Politik in einen Dialog zu gehen. Schreiben Sie sich abschließend eine bis drei Möglichkeiten auf, um diese Anlässe in naher Zukunft aktiver zu nutzen.

Diese Übung dient dazu, bewusster zu reflektieren, wie Alltag von ‚Politik' geprägt ist. Dies wahrzunehmen und aktiv zu nutzen ist ein wichtiger Schritt, sich aktiv an der Demokratie zu beteiligen und mündiger Bürger zu sein.

Reflexion 5

Das Große und Ganze erkennen – Wie man Medien und politische Inszenierungen in einen Kontext bringt

Zahlreiche Nachrichten in unterschiedlichsten Medien sind täglich verfügbar. Diese verdichten sich zu Themensträngen, die anschwellen und wieder abebben. Bei der Fülle der Informationen ist distanzierte Reflexion schwierig bzw. wird auch wiederum von Kommentaren und Beurteilungen aus den Medien übernommen. Zudem werden in Medien große Themen immer wieder anhand von einzelnen Personen und vorzugsweise in skandalisierter Form vorgetragen. ‚Only bad news are good news‘ zeigt bereits zumindest eine Grundtendenz sowohl von Medien als auch von der Art der Bereitschaft, sich mit Politik zu befassen: Wenn es interessant sein soll, muss es spannend sein, wenn es spannend sein soll, muss es eine gute Geschichte sein, eine gute Geschichte braucht starke Personen, diese müssen in Abgründe, Skandale und Tragödien verwickelt sein.

Dies alles ist natürlich nicht per se zu verurteilen, sondern erfüllt den wichtigen Sinn, das Grundbedürfnis nach Orientierung in einer komplexen Welt zu erfüllen; Medien übersetzen gesellschaftliche Realität so, dass sie für die Masse der Bürger nachvollziehbar, konkret und anschaulich wird.

Bei bestimmten Themen und den dazu vermittelten persönlichen ‚stories‘ scheint es als Konsequenz dieses Vorgehens dann allerdings unmöglich, auch nur daran zu denken, eine andere Position einnehmen zu können als die, die umfassend in der Meinungsbildung verankert wird. Dies ist vor allem bei großen internationalen und interkulturellen Konflikten der Fall. Es entsteht ein Sog, der bestimmte Perspektiven als weitgehend ‚aufgeklärt‘ betrachtet, und die Darstellungen anderer Sichtweisen oder anderer Medien als ‚propagandistisch‘ zu entlarven scheint.

Es ist wert, auch dies einmal selbstkritisch zu hinterfragen.

Wählen Sie einen Artikel zu einem nationalen personalisierten The-
ma aus sowie einen Artikel zu einem internationalen Konflikt, wo
Sie selbst jeweils bereits eine dezidierte Meinung haben.

Achten Sie darauf, wie viele inhaltliche Argumente sich jeweils
in den Artikeln befinden. Wie viele persönliche Anstriche und Be-
wertungen werden vorgenommen, sind diese hilfreich? Werden Di-
lemmata thematisiert? Wird die Gegenseite beleuchtet? Achten Sie
darauf, was möglicherweise alles in dem Artikel fehlt.

Stellen Sie die Artikel in einen größeren Kontext: Was ist die
Intention des Autors? Was ist die Wirkung, die er bei den meisten
erreichen will und wird? Wer hat ein Interesse daran, dass dieser
Artikel in dieser Form erscheint? Welche Rolle können ökonomische
Überlegungen des Mediums spielen? Wie ist das Medium mit ande-
ren Verlagshäusern und Firmen verknüpft?

Wenn Sie diese Fragen beantwortet haben, überlegen Sie zusam-
menfassend: Wie werden hier Politiker dargestellt und welches Bild
vom Leser erschließt sich?

Versuchen Sie einmal, einen der Artikel umzuschreiben: Nehmen
Sie eine gegensätzliche Position ein und versuchen Sie gleichzeitig,
Dilemmata zu beschreiben! Vermeiden Sie die Skandalisierung und
Personalisierung und achten Sie darauf, Ihre Wertvorstellungen klar
zu benennen.

Diese Übung erlaubt es Ihnen, den größeren Kontext von Medi-
en zu erkennen und zu hinterfragen. So wird beispielsweise deutlich, dass auch in quasi ‚faktenorientierten' Beiträgen immer
schon Wertvorstellungen und Wertungen eingebaut sind und die
Abgrenzung zu dezidierten Kommentaren nicht unbedingt gegeben ist. Zudem wird sicher deutlich, dass Medien auch ein zuge-
spitzter Spiegel der Gesellschaft sind: Viele Menschen neigen am
Stammtisch in Auseinandersetzungen um Politik gerne dazu, das
eigene Wertverständnis als das einzig richtige, aufgeklärte und
relevante zu betrachten und Positionen anderer zu ‚skandalisieren'.

Reflexion 6

Denken in Wechselwirkungen –
Wie man den Blick für das Ganze schult

Nachfolgend bieten wir Ihnen eine Übung an, welche die Wechselwirkung zwischen Politik und Bürgern in Form eines Teufelskreises darstellt, der bereits in Kapitel 2 diskutiert wurde. Er möchte verdeutlichen, dass sowohl Politiker/-innen als auch Bürger/-innen in einem demokratischen Gefüge zusammen gedacht werden müssen. In der Reflexion können Sie diese Wechselwirkungen reflektieren und außerdem überlegen, wie es möglich wäre, aus dem Teufelskreis auszusteigen und statt dessen eine Wechselwirkung zu gestalten, in der sich die verschiedenen Faktoren ergänzen und positiv unterstützen.

Zeichnen Sie das Grundschema des Teufelskreises aus Kapitel 2 auf ein Blatt Papier.

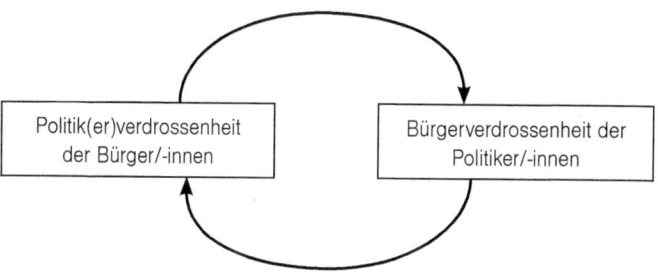

Abbildung: Teufelskreis zwischen Politik(er)verdrossenheit und Bürgerverdrossenheit

Sehen Sie sich das Schema an und schreiben Sie in einem ersten Schritt zu den Pfeilen, welche Faktoren diesen Teufelskreis an welcher Stelle am Laufen halten, verstärken oder sogar beschleunigen. Warum wird er nicht unterbrochen? Wie könnte er überhaupt entstanden sein? Wer trägt die Verantwortung für diesen Teufelskreis?

Versuchen Sie nun in einem zweiten Schritt, den Teufelskreis zu stoppen und schreiben Sie dazu mit einer anderen Farbe in das Schema:

An welcher Stelle wäre eine Unterbrechung möglich, wer hat dafür die Verantwortung?

Welche Rahmenbedingungen, Haltungen und konkreten Handlungen sollten hinterfragt werden? Wer oder was muss sich ändern, damit hier eine Unterbrechung stattfindet?

Denken Sie weiter: welche Begriffe müssten an den Pfeilen stehen, damit sich das Verhältnis zwischen Bürgern und Politikern bzw. Politik verbessert und auch sinnvoll ergänzt. Welche Überschriften würden Sie für diese Wechselwirkung von Politik und Bürgern schreiben?

Schließlich schreiben Sie sich drei Sätze auf, wie Sie in Ihrem alltäglichen, beruflichen und privaten Leben dazu beitragen könnten, dass der Teufelskreis unterbrochen werden kann und sich verschiedene Faktoren auf Seiten von Politikern und Bürgern sinnvoll ergänzen und positiv unterstützen können. Was nehmen Sie sich vor, konkret zu tun?

Diese Übung hat Ihnen aufgezeigt, wie Politik(er)verdrossenheit und Bürgerverdrossenheit zusammen hängen. Es wurde sicher deutlich, dass in diesem Gesamtbild alle ihre Verantwortung tragen. Bei der Umwandlung des Teufelskreises können Sie meist mindestens drei Dimensionen beobachten: eine konkret greifbare Dimension direkter Handlungen oder Aktionen, um das Verhältnis von Bürger zu Politik zu verbessern. Eine zweite Dimension, die mit Rahmenbedingungen wie Wahlperioden, internationalen Entwicklungen und der ökonomischer Lage zu tun hat. Eine dritte Dimension, die eher schwer zu greifen ist und mit einer veränderten demokratischen Kultur zu tun hat: Die Art des Redens über Politik, die eigene Haltung und Einstellung. Diese dritte Dimension, die sehr viel mit Werthaltungen zu tun hat, ist aus unserer Sicht diejenige, die für eine Belebung von Demokratie insgesamt notwendig ist. Dies führt dazu, dass sich die Beteiligten im gesellschaftlichen Ganzen wieder jeweils miteinander identifizieren und die Sinnhaftigkeit ihrer jeweiligen Rolle erkennen. Diese erhöhte Identifikation führt dazu, Verantwortung für gesellschaftliche Belange zu übernehmen und sich auch daran zu beteiligen. Eine aktive Beteiligung an gesellschaftlichen Belangen führt wiederum zu erhöhter Identifikation und verstärkt die Bereitschaft Politik zu wagen.

Schluss

10 Punkte für das Wagnis Politik

Wir haben in diesem Buch die vereinfachende und stereotypisierende Alltagsdiskussion über und die Wahrnehmung von Demokratie, Politik und Politikern/Politikerinnen diskutiert. Von diesem Alltagsphänomen beginnend haben wir das Ziel dargestellt, die Wertschätzung für Demokratie zu erhöhen und die eigene Verantwortung zu sehen, sie aktiv mitzugestalten. Es wurde deutlich, dass der Umgang mit Stammtischparolen aller Art vor allem auch mit der Haltung zu tun hat, die wir selber an den Tag legen.

Zusammenfassend bündeln wir unseren Ansatz, Politik umfassend zu wagen, in zehn Thesen, die die wichtigsten Punkte dieses Buches enthalten.

---

1. Politik ist mehr als das Handeln von Regierungen und Parteien

Politik ist in einer Demokratie nicht nur eine Herrschaftsform, in einer Demokratie kann sie eine Lebensform sein – sie kann für viele Bereiche des Lebens relevant sein und findet nicht nur in einer von der Alltagswirklichkeit abgetrennten Sphäre der „großen" Politik statt. Wenn Entscheidungen in Familie, Beruf oder Nachbarschaft anstehen, ist der Umgang damit eine Frage, die die Demokratie essentiell berührt. Damit ist Demokratie auch mit Emotion und Leidenschaft verbunden.

Politik wagen heißt, eine Haltung zu vertreten, die mit Leidenschaft dafür eintritt, immer wieder an Alltagserfahrungen anzuknüpfen und die Frage nach einem demokratischen Umgang miteinander zu stellen. Oder mit den Worten von Oskar Negt: „Die Ansatzpunkte liegen dort, wo die Menschen leben und arbeiten, im Beruf, in der Nachbarschaft, in der Familie, in der Schule. In diesen Zwischeneinheiten lässt sich gesellschaftliche Verantwortung sinnlich erfahren, weil sie an das eigene Verhalten zurückgebunden werden kann."[119]

2. Politik hat mit Verantwortung zu tun

In der Demokratie sind die Werte von Verantwortung und Freiheit zentral. Es existiert keine absolute Richtschnur für ‚richtig' und ‚falsch'. Es gibt keine zentralisierte Macht, die für das Schicksal aller verantwortlich ist. Dies anzunehmen bedeutet, die Orientierung an externen Wahrheiten aufzugeben und den Mut zu besitzen, die eigene Freiheit und Verantwortung anzunehmen.

Politik wagen heißt, die Verantwortung nicht abzugeben an andere, sondern immer die eigene Verantwortung im gesellschaftlichen Zusammenleben zu betrachten und Mut zu haben, eigenständig zu handeln. Und gerade weil Politik auch das Ringen um Macht beinhaltet, ist es bedeutsam Andersdenkende nicht als Feinde zu betrachten und Interessenkonflikte nicht zu Konflikten um die Wahrheit aufzubauschen. Es ist die Forderung von Hannah Arendt, Macht auch als Verantwortung zu begreifen.

3. Politik bedeutet Gestaltung des Zusammenlebens

Demokratie ist mehr als die Wahl zwischen Alternativen. Es gilt, die gestalterische Komponente von Demokratie zu nutzen und teilzuhaben an vielfältigen Möglichkeiten, sich einzubringen. Dies kann sowohl im verfassten System der Politik als auch in bürgerschaftlichem Engagement geschehen. Demokratie braucht umfassende Anregungen formaler, kritischer und auch spontanoffener Formen des Engagements.

Politik wagen heißt, eigene Spielräume zu aktivieren und den eigenen Wirkungsbereich zu nutzen, um Demokratie kreativ zu befruchten.

4. Politik braucht Neugier

So schön es ist, sich im eigenen Umfeld in inhaltlichen Fragen einig zu wissen, so anregend kann gerade auch das Kennenlernen einer anderen Perspektive sein. Damit ist die Chance gegeben, etwas Interessantes über den Anderen und die Welt zu erfahren. So kann auch bei Stammtischparolen oft deutlich werden, dass hinter unreflektierten inhaltlichen Aussagen essentielle persönliche Ängste stehen.

Politik wagen heißt, mit der Haltung der Neugier zu erkunden, warum andere Positionen und Werte zustande kommen und die Menschen hinter den Positionen in den Blick zu nehmen.

5. Politik braucht aktive Auseinandersetzungen

Demokratie lebt von Streit – zwischen Regierung und Opposition, zwischen Bürgerinitiativen und Repräsentanten des Staates, zwischen verschiedenen Interessengruppierungen. Die offene Auseinandersetzung verhindert absolute und absolutistische Wahrheiten. Das eigene Selbstverständnis und die eigenen Werte können gerade auf der Basis von Pluralität und Freiheit vertreten und gelebt werden. Dazu gehört es auch, den Andersdenkenden (oftmals einfach auch nur Anderswollenden) nicht als Feind zu betrachten und gleichwohl selbstbewusst für die eigenen Interessen einzutreten.

Politik wagen heißt, sich immer wieder der Herausforderung zu stellen, andere und auch eigene Positionen und Werte in Frage zu stellen und in der Auseinandersetzung mit anderen aktiv zu bleiben.

Politik wagen heißt aber auch klar und deutlich Position zu beziehen gegen ausländerfeindliche, homophobe oder sexistische Äußerungen. Die eigene Offenheit zur Auseinandersetzung darf nicht zur Folge haben, dass menschenverachtenden Äußerungen öffentlich Raum gegeben wird.

6. Politik umfasst Dilemmata

Politik ist keine einfache logische und lineare Umsetzung der Werte des Grundgesetzes. In der Demokratie existieren zahlreiche Wertedilemmata, die per se unauflöslich sind und immer neue Abwägungen und Entscheidungen von Menschen verlangen.

Politik wagen heißt, sich der Unerfüllbarkeit widersprüchlicher Erwartungen bewusst zu sein und das immer neue Ringen um politische Entscheidungen im Dilemma als unaufhebbaren Prozess anzunehmen.

7. Politik muss Macht im Blick behalten

Macht kann zum ‚blinden Fleck' in einer Demokratie werden. Im Umgang mit Vielfalt können sich quasi unsichtbare Macht- und Diskriminierungsstrukturen ausbilden, die die Privilegien derjenigen unterstreichen, die mit mehr Macht als Andere ausgestattet sind. Vermeintlich inhaltliche politische Entscheidungen sind auch vom Subtext der Macht getragen.

Politik wagen heißt, aufmerksam dafür zu sein, wer welche Interessen oder Werte aus welcher Macht-, Mehrheiten- oder Minderheitenposition vertritt und Diskriminierungsstrukturen aktiv zu benennen und zu hinterfragen.

8. Politik braucht eine wertschätzende Kultur auch im Umgang mit Fehlern

In der Technik und im Handwerk sind Fehlertoleranzen eine wichtige Instanz, um Qualität als das Maß zwischen Perfektion und erlaubter Abweichung zu definieren. Bei politischen Entscheidungen werden dagegen ‚Fehler' oft als unverzeihlich kritisiert und die Verantwortlichen verächtlich gemacht. Politik kann nur gelingen, wenn auch Entscheidungen möglich sind, die ‚Fehler' enthalten, die als Basis für eine produktive Weiterentwicklung genutzt werden.

Politik wagen heißt, eine wertschätzende Kultur auch im Umgang mit Fehlern zu entwickeln und Fehler als Hinweise zur Weiterentwicklung der Demokratie anzunehmen und zu nutzen.

9. Politik ist ein nachhaltiges Projekt

Oft herrscht der Wunsch, eine perfekte Politik würde die Befriedigung aller Interessen unmittelbar leisten können. Demokratie ist aber ein langfristiges und langwieriges Projekt, das in Verantwortung für Vergangenheit, Gegenwart und Zukunft gesellschaftliches Leben dauerhaft in freier Entfaltung sichern möchte.

Politik wagen heißt, auf schnelle Erfolge und die unmittelbare Befriedigung zu verzichten und stattdessen auf langfristige und nachhaltige Konsequenzen politischer Entscheidungen zu fokussieren.

10. Politik braucht eine Kultur, die verteidigt werden muss – im eigenen Interesse

Politische Entscheidungen prägen das gesellschaftliche Zusammenleben nicht nur inhaltlich, sondern auch kulturell. Hinter Entscheidungen stehen implizit immer bestimmte Wertvorstellungen, die deutlich machen, was einer Gesellschaft besonders wichtig ist und was unsichtbar bleibt.

Politik wagen heißt, das gesellschaftliche Klima und die öffentliche Atmosphäre als wichtigen Indikator für demokratische Kultur wahrzunehmen und dazu beizutragen, dass der Austausch über wichtige Werte der Gesellschaft explizit geführt wird. Wer das Wagnis Politik nicht eingeht, handelt damit letztlich gegen seine eigenen Interessen.

Politik braucht die Basis eines demokratischen Konsenses. Dieser vertritt wichtige Werte, die nicht technisch umgesetzt oder vermittelt werden können. Es sind Menschen, die das Wertvolle der Demokratie immer neu aktivieren, vertreten, leben und verteidigen müssen. Wer sich raushält oder abwendet, der entzieht sich der eigenen Verantwortung für die gemeinsame Basis.

Politik wagen heißt, mutig Position zu beziehen für demokratische Werte und gegen anti-demokratische Tendenzen und Diskurse, die die Werte der Demokratie zu vergiften drohen.

Literatur

- Abels, Gabriele; Bora, Alfons 2004: Demokratische Technikbewertung. Bielefeld
- Alemann, Ulrich von 1994: Grundlagen der Politikwissenschaft. Opladen
- Alemann, Ulrich von; Klewes, Joachim 2011: Die Bürger sollen es richten. Politik & Kommunikation, Februar 2011, S. 20–22
- Allport, Gordon W. 1954: The Nature of Prejudice. Cambridge
- Arendt, Hannah 1981: Vita activa oder Vom tätigen Leben. München
- Arzheimer, Kai 2002: Politikverdrossenheit. Bedeutung, Verwendung und empirische Relevanz eines politikwissenschaftlichen Begriffs. Wiesbaden
- Beck, Ulrich 1986: Risikogesellschaft. Auf dem Weg in eine andere Moderne. Frankfurt a. M.
- Beck, Ulrich 1991: Die Frage nach der anderen Moderne. In: Deutsche Zeitschrift für Philosophie, Heft 12, S. 1297–1308
- Beck, Ulrich 1993: Die Erfindung des Politischen. Zu einer Theorie reflexiver Modernisierung. Frankfurt a. M.
- Beck, Ulrich 1997: Kinder der Freiheit. Berlin
- Bender, Christiane; Wiesendahl, Elmar 2011: „Ehernes Gesetz der Oligarchie": Ist Demokratie möglich? Aus Politik und Zeitgeschichte, 44/45 2011, S. 19–24
- Berkel, Karl 1999: Konflikte in und zwischen Gruppen. In: Rosenstiel, L.; Regnet, E.; Domsch, H. (Hrsg.): Führung von Mitarbeitern. Handbuch für erfolgreiches Personalmanagement. 4. Auflage. Stuttgart, S. 377–394
- Besand, Anja 2004: Angst vor der Oberfläche. Zum Verhältnis ästhetischen und politischen Lernens im Zeitalter Neuer Medien. Schwalbach/Ts.
- Blome, Nikolaus 2008: Faul, korrupt und machtbesessen? Warum Politiker besser sind als ihr Ruf. Berlin
- Blome, Nikolaus 2011: Der kleine Wählerhasser. Was Politiker wirklich über die Bürger denken. München
- Boeser, Christian 2002: „Bei Sozialkunde denke ich nur an dieses Trockene ..." – Relevanz geschlechtsspezifischer Aspekte in der politischen Bildung. Frankfurt a. M.
- Boeser, Christian 2011: Service Learning. Erziehung & Unterricht – Österreichische Pädagogische Zeitschrift, 7-8/2011, S. 670–675
- Boeser, Christian 2013: Partizipation als Erfolgsbaustein für Vernetzungsprozesse. In: Weber, Susanne Maria; Göhlich, Michael; Schröer, Andreas; Fahrenwald, Claudia; Macha, Hildegard (Hrsg.): Organisation und Partizipation. Beiträge der Kommission Organisationspädagogik. Wiesbaden, S. 293–301
- Boeser-Schnebel, Christian 2014: Bekommen wir „politikverdrossene" Lehrer? – Ergebnisse einer ersten empirischen Annäherung bei Lehramtsstudierenden. Gesellschaft – Wirtschaft – Politik, 4/2014, S. 491–503
- Boeser, Christian und Projektteam 2007: Politische Bildung in Bayern vernetzen. Projektbericht – Endfassung. Dokumentation und Auswertung der empirischen Erhebung in Bayern. Augsburg http://www.politische-bildung-bayern.net/images/stories/dokumente/Download/2007_projektbericht.pdf (aufgerufen am 13.04.2013)

- Boeser, Christian; Schörner, Thomas; Wolters, Dirk (Hrsg.) 2000: Kinder des Wohlstands. Auf der Suche nach neuer Lebensqualität. Frankfurt a. M.
- Boeser, Christian; Schnebel, Karin B. 2013: Über „dumme Bürger" und „feige Politiker" – Streitschrift für mehr Niveau in politischen Alltagsgesprächen. Wiesbaden
- Boeser-Schnebel, Christian; Schnebel, Karin 2014: Argumentationstraining gegen Stammtischparolen zum Thema Politik. In: Lange, Dirk; Oeftering, Tonio (Hrsg.): Politische Bildung als lebenslanges Lernen. Schriftenreihe der GPJE. Band 13. Schwalbach/Ts.: Wochenschau-Verlag, S. 171–181
- Bonsen, Matthias zur; Maleh, Carole 2001: Appreciative Inquriy (AI): Der Weg zu Spitzenleistungen. Weinheim u. a.
- Bourdieu, Pierre 2001: Das politische Feld. Konstanz
- Bundeszentrale für politische Bildung 2010: Das Image der Politik und der Politiker. Wahrnehmung und Selbstwahrnehmung politischer Akteure. Bonn
- Christoph, Klaus 2012: „Politikverdrossenheit". http://www.bpb.de/geschichte/zeitgeschichte/deutschlandarchiv/61504/politikverdrossenheit?p=all (aufgerufen am 19.03.2013)
- Crouch, Colin 2008: Postdemokratie. Frankfurt a. M.
- Dahrendorf, Ralf 1994: Der moderne soziale Konflikt. Essay zur Politik der Freiheit. Stuttgart
- Dausend, Peter; Sussebach, Henning 2009: Draußen im Lande. DIE ZEIT vom 06.08.2009, S. 11–13
- Decker, Oliver; Kiess, Johannes; Brähler, Elmar 2012: Die Mitte im Umbruch. Rechtsextreme Einstellungen in Deutschland. Berlin
- Detjen, Joachim 2012: Streitkultur: Konfliktursachen, Konfliktarten und Konfliktbewältigung in der Demokratie. Schwalbach/Ts.
- Deutscher Presserat 2008: Publizistische Grundsätze (Pressekodex). http://www.presserat.info/uploads/media/Pressekodex_01.pdf (aufgerufen am 20. März 2013)
- Dienel, Peter C. 2002: Die Planungszelle. Der Bürger als Chance. Wiesbaden
- Dörrenbächer, Peter 2002: Erfolgreiche Kommunikation. In: Haft, Fritjof; Schlieffen, Katharina Gräfin von (Hrsg.): Handbuch Mediation. München, S. 339–362
- Embacher, Serge 2009: Demokratie! Nein danke? Demokratieverdruss in Deutschland. Bonn
- Festinger, Leon 2012: Theorie der Kognitiven Dissonanz. Bern
- Fischer, Andrea 2003: Spektakuläre Ruck-Reden sind nicht genug. Politischer Mut muss im Alltag bewiesen werden. In: DIE ZEIT, Ausgabe 12
- Fisher, Roger; Ury, William; Patton, Bruce 2004: Das Harvard-Konzept. Der Klassiker der Verhandlungstechnik. 22., durchgesehene Auflage. Frankfurt a. M.
- Fisher, Roger; Ury, William 2012: Getting to Yes. Negotiating an agreement without giving in. New York
- Fuchs, Dieter 2002: Politikverdrossenheit. In: Greiffenhagen, Martin; Greiffenhagen, Sylvia; Neller, Katja (Hrsg.): Handwörterbuch zur politischen Kultur der Bundesrepublik Deutschland. 2., völlig überarb. und aktualisierte Aufl. Wiesbaden, S. 338–343

150

- Fuchs, Dieter; Roller, Edeltraud 2008: Einstellungen zur Demokratie. In: Statistisches Bundesamt (Hrsg.): Datenreport 2008. Ein Sozialbericht für die Bundesrepublik Deutschland. Bonn, S. 397–401
- Gabriel, Oscar W.; Zmerli, Sonja 2006: Politisches Vertrauen: Deutschland in Europa. In: Aus Politik und Zeitgeschichte – Beilage zur Wochenzeitung Das Parlament, H. 30 – 31/2006, S. 8–15
- Gaschke, Susanne 2010: Mitmachen? Warum nicht! DIE ZEIT vom 23. 09.2010, S. 6
- Gaschke, Susanne 2012: Namenlose Furcht. DIE ZEIT vom 15.03.2012, S. 15
- Geis, Matthias 2010: Ihr da draußen. DIE ZEIT vom 28.10.2010, S. 2–3
- Gesellschaft für Politikdidaktik und außerschulische Jugend- und Erwachsenenbildung (GPJE) 2004: Anforderungen an Nationale Bildungsstandards für den Fachunterricht in der Politischen Bildung an Schulen. Schwalbach/Ts.
- Gordon, Thomas 2003: Die neue Beziehungskonferenz. Effektive Konfliktbewältigung in Familie und Beruf. 2. Aufl. München
- Greven, Michael Th.: Die Pluralisierung politischer Gesellschaften. Kann die Demokratie bestehen?, in: Thomas Jäger/Dieter Hoffmann (Hrsg.): Demokratie in der Krise? Zukunft der Demokratie. Opladen 1995, S. 257–281
- Habermas, Jürgen 1962: Strukturwandel der Öffentlichkeit. Untersuchungen zu einer Kategorie der bürgerlichen Gesellschaft. Neuwied/Berlin
- Habermas, Jürgen 1983: Moralbewußtsein und kommunikatives Handeln. Frankfurt a. M.
- Hattie, John 2014: Lernen sichtbar machen für Lehrpersonen. Hohengehren
- Henkenborg, Peter 2006: Alltägliche Philosophien der politischen Bildung. kursiv – Journal für politische Bildung, 2/2006, S. 76–89
- Hessel, Stéphane: Empört euch! Berlin 2011a
- Hessel, Stéphane: Engagiert euch! Berlin 2011b
- Hilb, Martin (Hrsg.) 1992: Innere Kündigung. Ursachen und Lösungsansätze. Zürich
- Hufer, Klaus-Peter 2008: Argumentationstraining gegen Stammtischparolen. Materialien und Anleitungen für Bildungsarbeit und Selbstlernen. 8. Auflage. Schwalbach/Ts.
- Hufer, Klaus-Peter 2009: Argumente am Stammtisch – Erfolgreich gegen Parolen, Palaver und Populismus. 5. Auflage. Schwalbach/Ts.
- Jäger, Thomas/Hoffmann, Dieter (Hrsg.): Demokratie in der der Krise? Zukunft der Demokratie, Opladen 1995
- Jugendwerk der Deutschen Shell (Hrsg.) 1997: Jugend '97. Zukunftsperspektiven. Gesellschaftliches Engagement. Politische Orientierungen. 12. Shell Jugendstudie. Opladen
- Kant, Immanuel 1784: Beantwortung der Frage: Was ist Aufklärung? In: Berlinische Monatsschrift, 4, S. 481–494
- Klinger, Edgar W.; Bierbrauer, Günter 2002: Sozialpsychologie des Verhandelns. In: Haft, Fritjof; Schlieffen, Katharina Gräfin von (Hrsg.): Handbuch Mediation. München, S. 236–263

- Kluckhohn, Clyde/Murray, Henry 1953: Personality in Nature, Society and Culture. New York
- Krack-Rohberg, Elle; Weichs, Karl 2008: Teilnahme am politischen und religiösen Leben. In: Statistisches Bundesamt (Hrsg.): Datenreport 2008. Ein Sozialbericht für die Bundesrepublik Deutschland. Bonn, S. 383–390
- Lebert, Stephan; Willeke, Stefan 2010: „Hauen bis die Schwarte kracht". DIE ZEIT vom 18.03.2010, S. 17–21
- Leicht, Robert 2012: Widerworte, bitte! DIE ZEIT vom 19.04.2012, S. 1
- Lösch, Bettina 2005: Deliberative Politik. Moderne Konzeptionen von Öffentlichkeit, Demokratie und politischer Partizipation. Münster
- Lorenzo, Giovanni di 2010: Trotzdem Respekt! DIE ZEIT vom 26.06.2010, S. 1
- Lorenzo, Giovanni di 2012: Das Blatt wendet sich. DIE ZEIT vom 22.11.2012, S. 1
- Maier, Jürgen; Glantz, Alexander; Bathelt, Severin 2009: Was wissen die Bürger über Politik? Zur Erforschung der politischen Kenntnisse in der Bundesrepublik Deutschland 1949 bis 2008. In: Zeitschrift für Parlamentsfragen, Jg. 40, H. 3, S. 561–578
- Maroshek-Klarman, Uki; Ulrich, Susanne; Henschel, Thomas R.; Oswald, Eva 1997: Miteinander – Erfahrungen mit Betzavta. Praxishandbuch für die politische Bildung. Gütersloh
- Massing, Peter 1995: Politik als Kern der politischen Bildung: Wege zur Überwindung unpolitischen Politikunterrichts. Wiesbaden
- Massing, Peter: Was ist Politik? Definition und Zusammenhänge, in: Klaus-Peter Hufer u. a. (Hrsg.): Wissen und Können. Wege zum professionellen Handeln in der politischen Bildung. Schwalbach/Ts. 2013, S. 100–102
- Michels, Robert 1989: Zur Soziologie des Parteiwesens in der modernen Demokratie. Untersuchungen über die oligarchischen Tendenzen des Gruppenlebens. Stuttgart
- Michelsen, Danny/Walter, Franz: Unpolitische Demokratie. Zur Krise der Repräsentation, Berlin 2013
- Molitor, Wolfgang 2011: Politikvermittlung – eine Sisyphusarbeit? In: Frech, Siegfried; Juchler, Ingo (Hrsg.): Bürger auf Abwegen? Politikdistanz und politische Bildung. Schwalbach/Ts., S. 81–91
- Mouffe, Chantal: „Postdemokratie" und die zunehmende Entpolitisierung. Aus: Politik und Zeitgeschichte – Beilage zur Wochenzeitung Das Parlament, 1–2/2011, S. 3–5
- Münkler, Herfried 2007: Vorsicht vor den Zuckerbäckern. DIE ZEIT vom 11.10.2007, S. 6
- Negt, Oskar: Der politische Mensch: Demokratie als Lebensform. Göttingen 2010
- Patzelt, Werner J. 1998: Ein latenter Verfassungskonflikt? Die Deutschen und ihr parlamentarisches Regierungssystem. In: Politische Vierteljahresschrift, H. 39, S. 725–757
- Patzelt, Werner J. 1999: Politikverdrossenheit, populäres Parlamentsverständnis und die Aufgaben der politischen Bildung. In: Aus Politik und Zeitgeschichte – Beilage zur Wochenzeitung Das Parlament, 7 – 8/99, S. 31–38

- Patzelt, Werner J. 2001: Verdrossen sind die Ahnungslosen. DIE ZEIT vom 22.02.2001
- Patzelt, Werner J. 2003: Parlamente und ihre Funktionen. Institutionelle Mechanismen und institutionelles Lernen im Vergleich. Wiesbaden
- Patzelt, Werner J. 2005: Warum verachten die Deutschen ihr Parlament und lieben ihr Verfassungsgericht? Ergebnisse einer vergleichenden demoskopischen Studie. In: Zeitschrift für Parlamentsfragen, H. 36, S. 517–538
- Patzelt, Werner J. 2005: Warum verachten die Deutschen ihr Parlament und lieben ihr Verfassungsgericht? Ergebnisse einer vergleichenden demoskopischen Studie. In: Zeitschrift für Parlamentsfragen, H. 36, S. 517–538
- Patzelt, Werner J. 2009: Politikfern sind die Ahnungslosen. In: kursiv JOURNAL FÜR POLITISCHE BILDUNG, H. 01, S. 12–17
- Pauer, Nina 2012: Wir haben keine Angst. Gruppentherapie einer Generation. Frankfurt
- Pinzler, Petra 2013: Was ist Lebensqualität? DIE ZEIT vom 21.2.2013
- Reinhardt, Sibylle 2005: Fehlverstehen und Fehler verstehen: Aus Fehlern lernen ist aktives Lernen. In: Himmelmann, Gerhard; Lange, Dirk (Hrsg.): Demokratiekompetenz. Beiträge aus Politikwissenschaft, Pädagogik und politischer Bildung. Wiesbaden, S. 129–140
- Reinhardt, Sibylle 2013: Von individuellen Wertedilemmata zu gesellschaftlichen Regeln: Möglichkeiten und Notwendigkeit der Verbindung von Werte- und politischer Bildung. In: Diskurs Kindheits- und Jugendforschung, 3/2013, S. 319–333
- Rogers, Carl R. 2000: Entwicklung der Persönlichkeit. Psychotherapie aus der Sicht eines Therapeuten. 13. Aufl. Stuttgart.
- Roth, Roland 2011: Bürgermacht. Eine Streitschrift für mehr Partizipation. Hamburg
- Sagou, Yves-Marius 2009: Die Erziehung zum Bürger bei Aristoteles und Kant. Würzburg
- Sander, Wolfgang 2007: Politik entdecken – Freiheit leben. Didaktische Grundlagen politischer Bildung. Schwalbach/Ts.
- Schiele, Siegfried 2009: Elementarisierung politischer Bildung. Politische Bildung ohne Tiefen- und Breitenwirkung. In: kursiv JOURNAL FÜR POLITISCHE BILDUNG, H. 1, S. 38–43
- Schiele, Siegfried 2013: Demokratie in Gefahr? Schwalbach/Ts.
- Schiele, Siegfried; Breit, Gotthard 2008: Vorsicht Politik. Schwalbach/Ts.
- Schirrmacher, Frank 2013: Ego. Das Spiel des Lebens. München
- Schmidt, Helmut; Lorenzo, Giovanni di 2013: Verstehen Sie das, Herr Schmidt? Köln
- Schmitz, Michael 2012: Psychologie der Macht. Wien
- Schnebel, Karin 2003: Selbstbestimmung in multikulturellen Gesellschaften. Wiesbaden
- Schnebel, Karin B. 2014: Selbstbestimmung oder Geschlechtergerechtigkeit. Wiesbaden

- Schnebel, Karin B. 2015: Das Werte- und Entwicklungsquadrat – ein Ansatz zum Erkennen und Verstehen von politischen Konflikten. Gesellschaft – Wirtschaft – Politik, 03/2015, S. 417–429

- Schulz von Thun, Friedemann 2006a: Miteinander Reden 1. Störungen und Klärungen. Hamburg

- Schulz von Thun, Friedemann 2006b: Miteinander Reden 2. Stile, Werte und Persönlichkeitsentwicklung. Hamburg

- Scholl, Wolfgang 2009: Die Psychologie der Macht. Der Tagesspiegel vom 11.08.2009

- Schöne, Helmar 2010: Politische Institutionen im Urteil von Lehramtsstudierenden und Lehramtsanwärtern. Gesellschaft • Wirtschaft • Politik. Sozialwissenschaften für politische Bildung, Jg. 59, H. 1, 2010, S. 91 – 104

- Schuchart, Claudia; Weishaupt, Horst 2008: Lehrerinnen und Lehrer in der Gesellschaft: Empirische Hinweise zum öffentlichen Engagement. Empirische Pädagogik, H. 22, S. 516–536

- Spiegel-Gespräch: „In dieser Gesellschaft brodelt es". Der Philosoph Oskar Negt über die Risse in der Sozialordnung, die Notwendigkeit politischer Bildung und die Spannung zwischen Wirklichkeit und Utopien. Der Spiegel 32/2010, S. 98–101

- Sutor, Bernhard 2011: Politisch Lied – ein garstig Lied? 25 Essays zur politischen Ethik. Schwalbach/Ts.

- Tajfel, Henri 1982: Gruppenkonflikt und Vorurteil. Bern u. a.

- Tausch, Reinhard; Tausch, Anne-Marie 1998: Erziehungspsychologie. Begegnung von Person zu Person. Göttingen u. a.

- Uchatius, Wolfgang 2013: Jan Müller hat genug. DIE ZEIT vom 28. Februar 2013, S. 17–19

- Ulrich, Susanne (2000): Achtung (+) Toleranz. Wege demokratischer Konfliktregelung. Gütersloh

- Watzlawick, Paul; Beavin, Janet H.; Jackson, Don D. 1996: Menschliche Kommunikation. Formen, Störungen, Paradoxien. Bern

- Weber, Max 1992: Politik als Beruf. Stuttgart

- Wehling, Hans-Georg 1977: Konsens a la Beutelsbach, In: Schiele Siegfried / Schneider Herbert (Hrsg.):Das Konsensproblem in der politischen Bildung. Stuttgart, S. 179–180

- Welzer, Harald 2013: Selbst denken. Eine Anleitung zum Widerstand , 2. Aufl., Frankfurt a. M.

- Willke, Helmut 2014: Demokratie in Zeiten der Konfusion. Berlin

- Wirth, Hans-Jürgen 2007: Macht, Narzissmus und die Sehnsucht nach dem Führer. Aus Politik und Zeitgeschichte – Beilage zur Wochenzeitung Das Parlament, 11/2007, S. 13–18

- Zeuner, Bodo 1999: Politikbegriff. In: Weißeno, Georg(Hrsg.) Lexikon der politischen Bildung. Band 1: Didaktik und Schule. Schwalbach/Ts. 1999, S. 177–180

- Zimbardo, Philip G. 1992: Psychologie. 5. Auflage. Berlin u. a.

Die Autoren und die Illustratorin

Dr. phil. Christian Boeser-Schnebel
(christian.boeser@phil.uni-augsburg.de)
Akademischer Oberrat am Lehrstuhl für Pädagogik mit
Schwerpunkt Erwachsenen- und Weiterbildung (Prof.
Dr. Elisabeth Meilhammer) an der Universität Augsburg
und Projektleiter des Netzwerks Politische Bildung
Bayern (http://www.politische-bildung-bayern.net)

Prof. Dr. rer. pol. phil. habil. Klaus-Peter Hufer
(Klaus-Peter.Hufer@t-online.de)
Außerplanmäßiger Professor für Erwachsenenbildung an
der Fakultät für Bildungswissenschaften der Universität
Duisburg-Essen und bis zu seiner Pensionierung Fachbe-
reichsleiter Geistes- und Sozialwissenschaften der Kreisvolkshochschule Viersen

Dr. phil. Karin B. Schnebel
(karin.schnebel@gimuenchen.de)
Dozentin im Studium Generale an der Münchner Volkshochschule und Vorsitzende des Gesellschaftswissenschaft-
lichen Instituts München für Zukunftsfragen
(www.gimuenchen.de)

MA Florian Wenzel
(florian.wenzel@peripheria.de)
Selbstständiger Trainer, Moderator und Prozessbegleiter
(www.peripheria.de)
Ausbilder in zertifizierten Programmen des Demokratie-
Lernens (Betzavta/Miteinander und Achtung (+) Toleranz). Freier Mitarbeiter der Akademie Führung & Kompetenz am CAP München.

Heike Drewelow
Studium der Kunst und Germanistik in Berlin. Tätig als
Zeichnerin, Illustratorin und Fachbereichsleiterin für
kulturelle Bildung an der Kreisvolkshochschule Viersen.
(www.heikedrewelow.de)

Anmerkungen

1 SPIEGEL-Gespräch mit Oskar Negt vom 09. August 2010: http://www.spiegel. de/spiegel/a-710880.html, zuletzt aufgerufen am 13.03.2015

2 Siehe z. B. Bundeszentrale für politische Bildung: Datenreport 2013. Politisches Interesse und politische Partizipation: http://www.bpb.de/nachschlagen/daten-report-2013/demokratie-und-politische-partizipation/174063/politisches-inte-resse-und-politische-partizipation, zuletzt aufgerufen am 13.03.2015

3 Spiegel-Online Artikel vom 21.02.2014: http://www.spiegel.de/wirtschaft/so-ziales/vertrauensvolle-berufe-die-meisten-vertrauen-feuerwehrmaen-nern-a-954481.html, zuletzt aufgerufen am 13.03.2015

4 Negt 2010, 13

5 Embacher 2009, 70

6 ebd., 84

7 Decker/Kiess/Brähler 2012, 40

8 Hufer 2008 und Hufer 2009

9 Dahrendorf 1994, 41

10 Parteimitglieder in Deutschland – Version 2014: http://www.polsoz.fu-berlin. de/polwiss/forschung/systeme/empsoz/schriften/Arbeitshefte/index.html, zu-letzt aufgerufen am 13.03.2015

11 Schirrmacher 2013

12 ebd., Klappentext 1

13 ebd., Klappentext 2

14 ebd., 15

15 ebd., 48 ff.

16 ebd., 58

17 ebd.

18 ebd., 59

19 ebd., 58

20 Zeuner 1999, 178

21 ebd.

22 nach Zeuner 1999, 179

23 ebd., 179

24 Alemann von 1994, 144

25 ebd., 142 f.

26 Massing 2013, 101

27 Beck 1986, 311

28 ebd.

29 ebd., 313

30 Greven 1995, 263

31 Einen Überblick gibt es auf der Webseite der Hochschule Augsburg: http://www. hs-augsburg.de/mebib/fidb/org/gesellschaftsverbaende.html, zuletzt aufgerufen am 13.03.2015

32 Verhaltenskodex für die Bürgerbeteiligung im Entscheidungsprozess. Verab-schiedet durch die Konferenz der NGOs (internationale Nichtregierungsorga-

nisationen) bei der Tagung am 1. Oktober 2009, S. 2: http://www.coe.int/t/ ngo/Source/Code_German_final.pdf, zuletzt aufgerufen am 13.03.2015

33 Beck 1993, 155

34 Welzer 2013, 293

35 Beck 1993, 157

36 ebd., 155

37 Jäger/Hoffmann 1995

38 Michelsen/Walter 2013

39 ebd., 74

40 ebd., 76f.

41 ebd., 83

42 Hessel 2011a und 2011b

43 Hessel 2011a, 7

44 ebd., 10

45 Willke 2014

46 SPIEGEL-Gespräch mit Oskar Negt vom 09. August 2010: http://www.spiegel. de/spiegel/a-710880.html, zuletzt aufgerufen am 13.03.2015

47 ebd.

48 Hufer 2008 und Hufer 2009

49 Ein Argumentationstraining gegen Stammtischparolen, welches insbesondere ausländerfeindliche Einstellungen fokussiert stammt von Klaus-Peter Hufer (2008).

50 Boeser/Schnebel 2013

51 Boeser-Schnebel/Schnebel 2014; Boeser-Schnebel 2014; Patzelt 2005; Schöne 2010

52 Zwischen Oktober 2012 und September 2015 fanden insgesamt ca. 40 Abendveranstaltungen, Workshops, Seminare und Multiplikatorenausbildungen zum Argumentationstraining gegen Politik(er)verdrossenheit mit unterschiedlichen Zielgruppen statt.

53 ausführlich in Schnebel 2015; vgl. auch Reinhardt 2013

54 Der hier zentrale Begriff „Wert" kann mit der soziologischen Werteforschung folgendermaßen definiert werden: „Ein Wert ist eine explizit gemachte oder implizit gelassene Auffassung vom Wünschenswerten, die für ein Individuum oder für eine Gruppe kennzeichnend ist und die Auswahl verfügbarer Handlungsweisen sowie der Handlungsmittel und -ziele beeinflusst" (Thome 2005, 389).

55 Schulz von Thun 2006b, S. 38 Hervorhebung im Original

56 Beispiele für Stammtischparolen, die eine Distanzierung einfordern, finden sich bei Hufer 2008, 29-31 und bei Hufer 2009, 20-25.

57 http://www.europarl.europa.eu/pdf/eurobarometre/2013/election/eb_79_5_ synthese_institutionelle_de.pdf, zuletzt aufgerufen am 13.03.2015

58 Habermas 1983

59 Lösch 2005

60 Christian Boeser-Schnebel war zu diesem Zeitpunkt an der Universität Gießen beschäftigt.

61 Jugendwerk der Deutschen Shell 1997
62 Reinhardt 2005, 130f
63 Geis 2010, S. 3
64 vgl. z. B. Detjen 2012; Sutor 2011; Schiele 2013
65 Sutor 2011, 25
66 vgl. Detjen 2012, 15-17
67 http://www.bild.de/news/topics/60-jahre-bild/interview-mit-gerhard-schro-eder-24636504.bild.html, zuletzt aufgerufen am 09.09.2014; BamS = Bild am Sonntag
68 Molitor 2011, 85
69 ebd., 88
70 Lorenzo, Giovanni di 2012, 1
71 vgl. z. B. Blome 2008
72 http://www.spiegel.de/politik/deutschland/gruene-nach-bundestagswahl-trit-tin-contra-kretschmann-a-925111.html, zuletzt aufgerufen am 09.09.2014
73 http://www.zeit.de/2010/22/Einfach-Schmidt-diLorenzo/seite-2, zuletzt aufge-rufen am 20.11.2014
74 Fischer 2003
75 Der Landrat nahm 2014 mit anderen Politikern an einer Podiumsdiskussion der Georg-von-Vollmar-Akademie in Kochel teil.
76 Parteimitglieder in Deutschland – Stand 2014: http://www.polsoz.fu-berlin.de/polwiss/forschung/systeme/empsoz/schriften/Arbeitshefte/index.html, zuletzt aufgerufen am 13.03.2015
77 Lebert/Willecke 2010, 19
78 Weber 1992
79 zitiert nach Wirth 2007, 15
80 Schiele 2009, 40
81 Gaschke 2010
82 vgl. Sutor 2011, 10
83 Bender/Wiesendahl 2011
84 Michels 1989, S. 19 (Hervorhebung im Original)
85 Schöne 2010, S. 94; vgl. hierzu auch Patzelt 2005 und Boeser-Schnebel 2014
86 Augsburger Allgemeine vom 10. Juli 2012, 1
87 Augsburger Allgemeine vom 10. Juli 2012, 5
88 Schmidt/di Lorenzo 2013, 173
89 Schmidt/di Lorenzo 2013, 172
90 Durch Überhang- und Ausgleichmandate sind es in der Regel mehr.
91 http://www.spiegel.de/politik/deutschland/boese-worte-gegen-bosbach-partei-freunde-weisen-poebler-pofalla-zurecht-a-789604.html#, zuletzt aufgerufen am 02.12.2014
92 Boeser-Schnebel 2014
93 Festinger 2012
94 Allport 1954
95 Tajfel 1982

96 Die Zeit-Redakteurin Nina Pauer wählt diese Formulierung in ihrem Generationenporträt der um die 30 jährigen („Wir haben keine Angst") für das Kapitel zum Thema Politik (Pauer 2012).

97 Rogers 2000

98 Hattie 2014

99 Tausch/Tausch 1998

100 Tausch/Tausch 1998 , 99

101 Zimbardo 1992, 481

102 http://www.petrakorte.com

103 Berkel 1999, 382

104 Der Kommunikationswissenschaftler Friedemann Schulz von Thun differenziert aufbauend auf Watzlawick zwischen vier Seiten einer Nachricht: Sachaspekt, Beziehungsaspekt, Appel und Selbstkundgabe (Schulz von Thun 2006a)

105 Schulz von Thun 2006a

106 Fisher/Ury/Patton 2004

107 Fisher/Ury/Patton 2004, 60

108 z.B. Gordon 2003

109 Ulrich 2000, 186 ff: Hier zum Darstellen des eigenen Standpunktes

110 Dörrenbacher 2002, 356 ff

111 Dörrenbacher 2002, 356 ff

112 Ulrich 2000, 102

113 vgl. Maroshek-Klarman u. a. 1997

114 Kant 1784

115 Die nachfolgenden Überlegungen sind inspiriert vom Ansatz der „Appreciative Inquiry" (Bonsen/Maleh 2001).

116 Adaptiert und erweitert nach dem Harvard Modell der Verhandlungsführung (Fisher/Ury 2012)

117 Kulturpyramide nach: Kluckhohn, Clyde/Murray, Henry (1953): Personality in Nature, Society and Culture. New York

118 Fisher/Ury/Patton 2004

119 Sander 2007

120 SPIEGEL-Gespräch mit Oskar Negt vom 09. August 2010: http://www.spiegel.de/spiegel/a-710880.html, zuletzt aufgerufen am 13.03.2015